宁夏葡萄酒教育和旅游推广咨询服务项目

浙大城市学院—浙江省文化和旅游促进共同富裕示范区
建设专家委员会秘书处系列成果之一

Common Wealth in Industry and Tourism:
An Innovative Model for the Integrated Development of
Wine Culture and Tourism

产旅共富

葡萄酒文旅融合发展创新模式

李罕梁　刘丹丹　李文超◎著

ZHEJIANG UNIVERSITY PRESS
浙江大学出版社
·杭州·

图书在版编目(CIP)数据

产旅共富:葡萄酒文旅融合发展创新模式 / 李罕梁,刘丹丹,李文超著. —杭州:浙江大学出版社,2023.5
ISBN 978-7-308-23674-4

Ⅰ.①产… Ⅱ.①李… ②刘… ③李… Ⅲ.①葡萄酒—酿酒工业—关系—旅游文化—产业融合—产业发展—研究—宁夏 Ⅳ.①F426.82②F592.743

中国国家版本馆 CIP 数据核字(2023)第 067743 号

产旅共富:葡萄酒文旅融合发展创新模式

李罕梁　　刘丹丹　　李文超　　著

策划编辑	吴伟伟	
责任编辑	宁　檬	
责任校对	陈逸行	
封面设计	雷建军	
出版发行	浙江大学出版社	
	(杭州市天目山路 148 号　邮政编码 310007)	
	(网址:http://www.zjupress.com)	
排　　版	浙江时代出版服务有限公司	
印　　刷	浙江新华数码印务有限公司	
开　　本	710mm×1000mm　1/16	
印　　张	7.75	
字　　数	110 千	
版 印 次	2023 年 5 月第 1 版　2023 年 5 月第 1 次印刷	
书　　号	ISBN 978-7-308-23674-4	
定　　价	68.00 元	

前　言

　　"共同富裕"这一概念于 1953 年最早出现在党的正规文献中。"共同富裕"也就是让社会全体成员都过上富足、美好的生活。这是人类古老而长久的向往。在中国,儒家经典《礼记·礼运》中就有"大道之行也,天下为公"的"大同"设想。2012 年 11 月 17 日,习近平总书记在主持十八届中共中央政治局第一次集体学习时就指出:"共同富裕是中国特色社会主义的根本原则,所以必须使发展成果更多更公平惠及全体人民,朝着共同富裕方向稳步前进。"2017 年,党的十九大做出我国社会主要矛盾已经发生转化的重大政治论断,并提出了新的奋斗目标。2021 年,习近平总书记在《求是》杂志刊发文章《扎实推动共同富裕》强调,共同富裕是全体人民共同富裕,是人民群众物质生活和精神生活都富裕。2020 年 9 月 20 日,习近平总书记在教育文卫体育领域专家代表座谈会上,强调统筹推进"五位一体"总体布局、协调推进"四个全面"战略布局,文化是重要内容;推动高质量发展,文化是重要支点;满足人民日益增长的美好生活需要,文化是重要因素;战胜前进道路上各种风险挑战,文化是重要力量源泉。文化和旅游在促进共同富裕过程中具有独特优势。

　　宁夏葡萄酒产业起步于 1984 年,2003 年被确定为国家地理标志产品保护区。多年来,历届宁夏回族自治区党委和政府立足贺兰山东麓区位优势和资源禀赋,大力推进葡萄酒产业发展,引进了先进的种植和酿造技术,吸引了大量的国内外投资,布局建设了一批各具特色的现代化酒庄,形成了比较完善的政策体系,开展了日益广泛的国际合作,走出了一条具有宁夏特色的葡萄酒产业、旅游、文化融合发展之路,得到了业界和消费者的广泛认可。葡萄酒产业已成为宁夏扩大开放、调整结构、转型发展、促农增收的重要依托,宁夏贺兰山东麓产区成为我国第一个真正意义上的酒庄酒产区、与国际标准接轨的产区、产业效益全面发展的产区和制度标准及政策体系相对完善的产区,成为国内最佳、国际知名的葡萄酒产区。

目　录

第一章　产旅共富相关理论基础

第一节　产业相关理论

一、产业融合理论

产业融合(industry convergence)作为一种经济现象,最早源于数字技术出现而导致的信息行业之间的相互融合。具体而言,所谓产业融合,是指不同产业或同一产业不同行业之间相互渗透、相互交叉,最终融合为一体,逐步形成新产业的动态发展过程(陈柳钦,2007)。在经济全球化以及高新技术迅猛发展的宏观背景下,作为一种崭新的产业组织形式与产业发展模式,产业融合不仅可以释放关联产业的发展活力,还能够提升关联产业的生产效率及市场竞争力。

推动产业融合的动因主要包括:一是技术创新的内在驱动。技术创新可以开发出关联性甚至替代性的工艺、技术和产品,随之往其他产业进行渗透和扩散,并可能逐步改变这些产业的生产成本函数,从而为不同产业之间的融合提供了内在驱动力;同时,原本产业中产品的市场需求特征也可能会因技术创新而发生变化,新的市场需求也会推动产业之间的融合。二是竞争合作的压力使然。在复杂多变的市场竞争环境中,企业要不断进行技术创新以及寻求市场合作,这些合作在一定程度也会推动不同产业之间的融合。三是管制放松的外在激励。各个产业之间广泛存在进入壁垒,使得不同产业间的边界十分明显,但关联产业主体在管制放松的激励之下,会比较乐意加入本产业的竞争中,从而为产业之间的融合创造了重要条件。管制的放松导致其他相关产业的业务加入本产业的竞争中,从而逐渐走向产业融合。产业融合的结果是出现了新的产业或新的利润增长点。例如农村第一、二、三产业通过融合发展,发展出诸如休闲农业、观光农业、采摘农业、工业化农业、信息化农业等新产业形态,实现产加销一体化、农工贸一条龙等,提供了更多就业岗位,延伸了农村产业价值链,让农村产业增值空间最大化。

二、产业链理论

产业链(industry chain)的思想最早来自亚当·斯密的《国富论》,书中将产业链解释为:企业在外部采购原材料和零配件之后,通过从事生产和销售活动,将产品传递给零售商和用户的过程。随着技术的发展、生产效率的提高,生产过程被划分为一系列有关联的生产环节。分工与交易的复杂化,使得在经济中通过什么样的形式联结不同的分工与交易活动成为日益突出的问题。企业组织结构随分工的复杂化而变化。企业难以应付越来越复杂的分工与交易活动,不得不依靠企业间的相互关联,这种搜寻最佳企业组织结构的动力与实践就成为产业链形成的条件。产业链是产业经济学中的一个概念,是各个产业部门之间形成的一定的技术经济关联,是一个包含价值链、企业链、供需链和空间链等四个维度的概念。这四个维度在相互对接的均衡过程中形成了产业链,这种"对接机制"是产业链形成的内在模式,作为一种客观规律,它像一只"无形之手"操控着产业链的形成(见图1.1)。

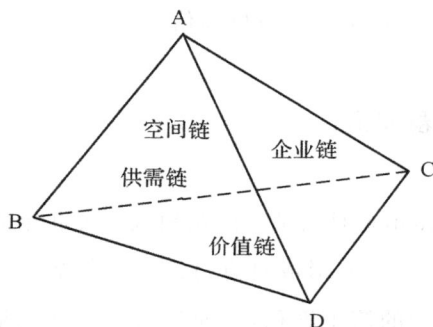

图 1.1　产业链理论

Marshall(1920)进一步完善了产业链思想,认为产业链发展到一定阶段,企业内部的分工会扩展到不同企业之间,这可以被视为产业链理论的真正起源。从产业经济学的视角来看,产业链是指在各个产业部门之间,基于特定的技术关联与经济关联,同时依照特定的时空布局和逻辑关系,客观形成的链条式关联关系形态(丁俊发,2015)。

产业链形成的原因在于创造产业链是产业价值实现和增值的根本途径。任何产品只有通过最终消费才能实现价值,否则所有中间产品的生产就不能实现。同时,产业链也体现了产业价值的分割。随着产业链的发展,产业价值由在不同部门间分割转变为在不同产业链节点上分割。产业链也是为了创造产业价值最大化,它的本质是体现"1+1>2"的增值效应。这种增值往往来自产业链的乘数效应,它是指产业链中的某一个节点的效益发生变化时,会导致产业链中的其他关联产业相应地发生倍增效应。产业链价值创造的内在要求是:生产效率≥内部企业生产效率之和(协作乘数效应);同时,交易成本≤内部企业间的交易成本之和(分工的网络效应)。产业链的本质是用于描述一个具有某种内在联系的企业群结构,它是一个相对宏观的概念,存在两维属性:结构属性和价值属性。产业链中大量存在着上下游关系和相互价值的交换,上游环节向下游环节输送产品或服务,下游环节向上游环节反馈信息。

三、产业集群理论

产业集群(cluster)是指某一产业领域相关联企业及其支撑体系在一定地域内的发展,并形成具有持续竞争优势的经济群体。产业集群不是众多企业的简单堆积,企业间的有机联系是产业集群产生和发展的关键。产业集群突破了企业和单一产业的边界,着眼于一个特定区域中,具有竞争和合作关系的企业、相关机构、政府、民间组织等主体的互动(胡雅蓓,2022)。这样使它们能够从一个区域整体来系统思考经济、社会的协调发展,来考察可能构成特定区域竞争优势的产业集群,考虑邻近地区间的竞争与合作,而不仅仅局限于个别产业和狭小地理空间的利益。产业集群观点更贴近竞争的本质,要求政府重新思考自己的角色定位,要求政府专注于消除妨碍生产力成长的障碍,强调通过竞争来提高集群产业的效率和促进创新,从而推动市场的不断拓展,繁荣区域和地方经济。产业集群在强化专业分工、发挥协作配套效应、降低创新成本、优化生产要素配置等方面作用显著(刘端端,2022)。

集群现象和理论适应了许多国家分权化改革后地方政府发展地方经济的需要,使得集群发展战略得到了各国和各级地方政府的认同。但由于缺乏统一的集群概念和一致的理论指导,加之实证研究的混乱,因此集群发展战略缺乏一个统一的框架(谢贞发,2005)。作为一种介于市场与各层企业之间的组织模式,产业集群理论提供了一个思考、分析国家和区域经济发展并制定相应政策的新视角,满足了经济发展和政府决策者的需要,吸引着各国学者,有着自身独特的竞争优势。

产业集群理论是 20 世纪 80 年代出现的一种西方经济理论,由美国哈佛商学院的竞争战略和国际竞争领域研究权威学者麦克尔·波特提出。其含义是:在一个特定区域的一个特别领域,集聚着一组相互关联的公司、供应商、关联产业和专门化的制度、协会,通过这种区域集聚形成有效的市场竞争,构建出专业化生产要素优化集聚洼地,使企业可共享区域公共设施、市场环境和外部经济支持,降低信息交流和物流成本,形成区域集聚效应、规模效应、外部效应和区域竞争力。为了提高农业生产效率,扩大农业产业的外部规模经济,获得农村产业的最大利润,降低农村产业的空间交易成本,而促进农村第一、二、三产业融合发展,形成产业集群实现规模经济效益,又可以降低交易成本,实现农村产业利润的最大化。

四、农业多功能性理论

农业多功能性(agricultural multi-functionality),最早源于 20 世纪 80 年代末期在日本国内兴起的"稻米文化"传承与保护运动。1992 年,由联合国环境与发展大会通过的《21 世纪议程》中正式采用了农业多功能性这一提法。1996 年世界粮食首脑会议通过的《世界粮食首脑会议行动计划》和《世界粮食安全罗马宣言》,明确提出要考虑农业的多功能特点,借此来实现农业和乡村的可持续发展。1999 年,日本颁布的《粮食·农业·农村基本法》指出,农业除具有经济功能外,还体现出了多功能性,如还具有社会功能、生态功能,以及政治功能等。结合我国的研究成果和实际情况,并根据国外的研究结果,农业多功能指农业具有经济功能、社会功能、政治功能、生态功能、文化功能等,这些功能主要表现在提供农户产品的基本功能,提供劳动就业和社会保障,保持社会和政治稳定(吴春蕾、刘利平、吴天乐,2017),对生态环境的支撑和改善,保护文化的多样和休闲等方面;还

5

表现出了多种分功能(见图1.2)。此外,农业的多种功能表现出相互依存、相互制约、相互促进的有机系统特性。农村第一、二、三产业的融合发展体现出农业的多功能性,如休闲农业、生态农业、都市农业都是农业多功能的延伸与拓展(黄亮,2020)。

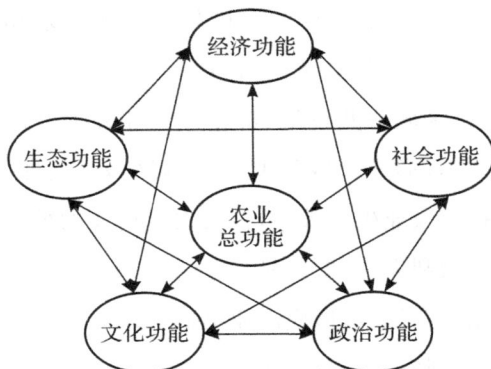

图1.2 农业多功能理论

五、六次产业理论

六次产业最早是由日本学者今村奈良臣在20世纪90年代提出的,是为了解决当时日本面临的农业发展后继乏人、农村衰落的问题。其主要思想是推动农业生产向第二、三产业延伸,形成生产、加工、销售、服务一体化的完整产业链,将过去外溢到农业农村外部的利润内部化,借此增加农民收入,提升农业农村发展的活力(茆昕明、翟国方、廖琪,2022)。2008年开始,日本相继出台了《农山渔村六次产业化政策实施纲要》《农业主导型六次产业化准备工作实施纲要》《农工商合作促进法》《六次产业化——地产地消法》等相关法律以及纲要性文件,并自上而下成立"六次产业化"战略推进组织机构,来推动第六产业的发展。在政府、民间组织以及农户的协同合作下,日本的第六产业得到了迅速推进,极大地改善了农户的生活质量,调整了农业产业结构,实现了农业农村的可持续性发展(冯贺霞、王小林,2020;郭苏建,2022)。

现有的三次产业分类法是依据物质生产中加工对象的差异性,把社会再生产过程划分为三类:第一产业是产品直接取自自然界的部门,包括农业、畜牧业、狩猎业、渔业、林业等;第二产业是对初级产品进行再加工的部门,包括采掘业、制造业、建筑业等;第三产业是为生产和消费提供各种服务的部门,包括商业、金融、饮食等公共服务以及科技、卫生、文化、教育、政府等公共行政事业部门。三次产业理论大致描绘了产业结构沿着第一、二、三产业的顺序转换这一自然的、历史的、渐进的过程,因此具有较强的生命力,目前仍然是世界国民经济核算体系的理论基础。但是,三次产业分类法毕竟是基于20世纪40年代先进的资本主义国家正处于"脱农化"和"工业化"的时代背景下提出的一种简化的产业划分方法,难以反映产业融合背景下国民经济结构的演化规律,因此必须不断地完善和发展产业层次划分理论,以新的产业划分理论来化解当前全球经济面临的挑战。

六次产业理论依据劳动对象和产业任务的不同,将国民经济划分为六次产业,即获取自然资源的产业(第一产业);加工自然资源以及对加工过的产品进行再加工的产业(第二产业);获取并利用信息和知识资源的产业(第四产业);获取并利用文化资源的产业(第五产业);传统农业向第二、三产业延伸形成的产业(第六产业);为其他五大产业及社会生活提供服务的产业(第三产业)。

第四产业包括互联网产业、新一代信息产业等,涵盖了大数据、云计算、物联网等新兴产业,即"互联网+"。"互联网+"就是"互联网+各个传统行业",但这并不是简单的两者相加,而是充分发挥互联网在社会资源配置中的优化和集成作用,将互联网的创新成果深度融合于经济、社会各领域之中,提升全社会的创新力和生产力。这里的"+"指的是"融合",商业语言是"创新"。因此,在六次产业理论中,"互联网+"产业的最主要的功能是利用信息通信技术以及互联网平台,促进互联网与传统行业进行深度融合,创造新的发展生态,提升传统产业的运营效率,让整个社会向更低运营成本、更加生态环保的方向去发展。因此,检验"互联网+"的成果最重要的方式是看它是否促进了产业的转型,促进产业出现新的形态,以及这种形态是否能更好满足用户的最终需求,能否提高各种资源利用的效率,同时要有可持续发展的机制。

第五产业即是以精神文化生产方式,满足人们精神文化需求的文化创意产业。文化创意产业具有附加值高、资源消耗低、环境污染小等众多优势。如果可以将文化创意融合在各领域之中,提升各行各业的产品和服务品质,增加附加值,塑造品牌,提升市场竞争力,则能够更好地为经济结构调整、产业转型升级服务,为扩大国内需求、满足人民群众日益增长的物质文化需要服务。从这个意义上来说,文化创意产业可以称之为"文化创意+","+"的后面可以是各种产业、各类商品,甚至是整个城市、区域或国家。"文化创意+"不是为了艺术而艺术,而是把创意、技术、营销等环节紧紧联系在一起,使独特的文化价值逐步转变成为有广阔市场的商业价值。文化的跨界融合,使文化符号价值、文化经营理念等内涵向相关产业渗透,实现两个"有助于",即有助于促进"美学增值",商品的审美功能和精神价值得到提升;又有助于促进"品牌塑造",提升产业文化内涵和边际效应。第五产业有一个本质的特征,就是把人类的精神需求转换成市场定价,转换成产业附加值,却不需要动用其他资源。

第四、五产业有个共同的特点就是能够促进跨行业,特别是第一、二、三产业的融合,因此,从战略上看更重要的是第四、五产业怎么促进跨行业融合,特别是第一、二、三产业融合创造第六产业。也就是说,第六产业是以第四产业的信息技术为基础,通过第五产业的创意创新开发,进行跨行业融合,从而形成新的产业业态。

六次产业不仅要在第一、二、三产业的基础上产生额外的新利润,而且其新利润甚至要高出第一、二、三产业原有的利润之和。比如波音飞机的零部件生产分散在全球各地,如果把引擎、玻璃、座椅、机壳,甚至一颗颗螺丝钉的利润都给了供货商,那么波音公司凭什么获得利润呢?波音公司的存在,就是因为它在对人的精神需求不断深入挖掘的基础上进行组合,在融合引擎、玻璃、座椅、机壳,甚至一颗颗螺丝钉的同时,产生了新的功能和新的利润。波音飞机这个融合的产品,其利润的存在基础是其新的价值——飞行,已经不再是原来的一个个零部件所具备的了,这就是第四、五、六产业的精妙之处(严瑾,2021;郑爱文、钱森,2020)。

第二节　发展相关理论

一、共同富裕思想

(一)共同富裕是中国特色社会主义的根本原则

"共同富裕"是毛泽东同志最先提出的,但他所说的"共同富裕"在内涵方面与邓小平所提出的共同富裕截然不同。新中国成立初期,社会建设致力于土地革命和三大改造,先后制定了土地革命路线、新民主主义革命纲领、新民主主义向社会主义过渡总路线,其中多次强调解决农民民生问题,要消灭地主阶级,建立农民土地所有制,没收封建阶级土地归农民所有,使农民群众共同富裕起来。因此,毛泽东所提出的共同富裕对象有一定的局限性,在特定的历史时期主要是为了提高农民阶级生活水平。但在社会主义改造的过程中,毛泽东认识到了所有制以及生产力对经济发展、改善民生的重大作用。在所有制方面,坚持走社会主义道路,实行公有制经济、集体所有制经济,这是能让农民阶级富裕起来最快最直接的方法。新中国成立初期开始恢复国民经济体系,致力于从一个落后的农业国转变为一个先进的工业国，只有国家富强人民才能富裕。虽然这一时期国民经济落后，生产力水平较低，但已经改变了以往积贫积弱的状态，为中国特色社会主义共同富裕思想的确立奠定了物质基础和理论基础（关曌婧，2021）。

邓小平同志是中国改革开放的总设计师，也真正完整地提出了"共同富裕"思想。经过改革开放初期的实践探索，邓小平同志第一次总结概括了社会主义的本质，也第一次将共同富裕与社会主义本质联系在一起。

2017 年 10 月 18 日，在中国共产党第十九次全国代表大会的报告中，习近平总书记提出中国特色社会主义进入新时代，强调要抓紧实施精准扶贫、精准脱贫战略，不能偏离全体人民共同富裕的总体方向。我们的社会主义制度，指向了中国共产党带领人民群众实现共同富裕的重要使命，这对于推动社会公平正义有着重要的意义（郭聪聪，2022）。

对于如何实现共同富裕，党的十九大报告擘画了共同富裕"两步走"战略：从现阶段至 2035 年，是社会共同富裕初见成效时期，到 2050 年，我国综合实力大幅提升，成长为社会主义强国，我国共同富裕的目标已基本实现，人民生活稳定幸福，到那时，我们将以更加昂扬的姿态屹立于世界民族之林。为此，必须制定合理可行的举措保证共同富裕目标的如期实现。首先，要在做大蛋糕的同时分好蛋糕。当前我国社会主要矛盾的转变表明虽然生产力水平越来越高，社会财富总量不断增加，然而不平衡不充分的矛盾依然未能得到解决，城乡之间、地区之间差距大，收入分配结构失衡，中等收入群体比例较低等问题依然干扰着社会共同富裕的实现（关曌婧，2021）。要解决这些问题，就必须提高低收入者收入，增加中等收入者比重，国家给予落后贫困地区相应政策的支持以带动当地发展。其次，共同富裕不仅仅是物质层面上的富裕，还包括其他领域，如政治领域、精神领域、社会领域、生态领域、国家治理领域等，要在各个领域坚持共同富裕的目标,致力于社会主义现代化强国的扎实建设(柯艺伟、张振,2022)。

随着中国特色社会主义的不断发展,我们党对于走向共同富裕的经验越来越丰富,从平均主义"大锅饭"式的"公平正义"到先富带动后富逐步实现共同富裕,取得了卓越的成效,精准扶贫战略的实施更是使中国人民过上了小康富足的生活。现阶段,我们会朝着共同富裕的目标不断迈进。值得注意的是,共同富裕的实现是一个漫长的过程,不能一蹴而就,根据当前实际,一步一步稳扎稳打,才能推进共同富裕的实现(魏泳安,2022)。

(二)共同富裕思想的实践价值

1.有利于推动解决中国社会基本矛盾

随着我国改革开放的逐渐深入和市场经济体制的确立,东部沿海地区经济崛起和居民收入快速增长,同时也开始逐渐显现区域发展不平衡、居民收入差距较大的问题。党的领导人根据我国国情不仅制定了由先富带动后富的发展战略,同时遵循发展规律,要求始终坚持四项基本原则,坚持中国特色社会主义基本经济制度,将社会主义公有制经济做大做强,为社会主义初级阶段向更高阶段迈进打下坚实基础(廖成中、王磊、翟坤周,2022)。

共同富裕思想坚持马克思主义实践观,不断用改革发展思想指导实践,解决实际问题(廖成中、毛磊、翟坤周,2022)。社会主义制度的确立为实现共同富裕奠定了制度基础。如何在生产力落后的经济基础上建设社会主义,如何又好又快发展生产力实现全体人民共同富裕,在马克思的理论著作中没有现成的答案,也没有成功的经验可以借鉴。探索社会主义建设的道路是曲折的,发展过程中有诸多矛盾和利益制衡阻碍社会主义发展、阻碍共同富裕的实现进程。因此,首先要解决发展问题,化解社会矛盾的着力点始终是要解决发展问题,坚持发展的观点(胡志平,2022)。有了共同富裕思想作为基础,党和国家能够及时研判社会主要矛盾和诸多发展问题,并提出有效治理对策,能够及时调整居民收入在国民收入中的比例问题。各项制度在全面深化改革中逐渐完善,在实践中逐渐解决生产结构性问题,逐渐扭转贫富差距问题,逐渐满足人民对美好生活的各项需求,持续为实现共同富裕提供制度保障。例如,多年来我国居民贫富差距经历了逐渐扩大到有所回落的过程,在居民收入向两极分化的趋势发展过程中,社会出现了一些不稳定因素,但通过分配制度的改革、区域协调发展战略以及建立健全社会保障体系等一系列政策的有效实施,改善了贫富差距扩大的情况。从 2019 年开始,中国基尼系数已有所回落。2020 年全面建成小康社会,已有 9899 万多农村贫困人口全部实现脱贫。在新时期,我们要以实现共同富裕为社会深化改革的出发点,以解决社会问题、保障人民根本利益为落脚点,深化经济体制改革,保障人民共享经济发展红利。

新时代共同富裕思想以问题为导向,立足新的社会主要矛盾,更加注重民生问题,依靠建立健全城乡保障制度,以及扶贫、减贫、脱贫工作,保障人民群众享有基本医疗、教育、就业权利,使社会弱势群体(失业人口、老龄化人群、贫困人口)得到救助,着力解决城乡二元化,缩小城乡差距。通过采取强有力措施保障低收入者利益,从人民群众切身利益出发,推动社会发展和谐有序。关注人民对美好生活的向往,以共同富裕思想化解社会矛盾。只有进一步在实践中解决新的问题,才能扎实推进共同富裕工程,取得实质性进展(杨渊浩,2022)。

2.有利于实现中华民族伟大复兴中国梦

实现中国梦,必须坚持稳步走共同富裕道路。中国梦是习近平总书记对共同富裕的最新认识,是新时代的中国式解读。中国梦的内涵就是实现国家富强、民族复兴、人民幸福,生动体现了中华民族传统文化中"家国天下"的思想观念,将国家、民族、个人的命运紧密联系在一起。中国梦赋予了共同富裕新的内涵,人人享有出彩的机会,不独占教育、医疗、就业等社会资源,社会保障待遇均等化。

中华民族实现了从"站起来""富起来"到"强起来"的成功飞跃,正是共同富裕思想的正确指引,才能让中国人民摆脱贫困,在经济、政治、文化、社会、生态等多领域共享改革发展的成果。共同富裕思想经过几十年的完善创新,通过实践路径不断升级。通过中国人民的艰苦奋斗,我国已成为世界第二大经济体,成为第一大工业生产国,成为世界最大的发展中国家,我们比历史上任何时期都更加接近、更有信心、更有能力实现中华民族伟大复兴。

实现共同富裕是一个循序渐进的过程,中国共产党人多次认识到实现共同富裕的艰巨性和长期性。中国梦的实现同样不是一蹴而就的,需要我们正确面对社会发展的各种问题。共同富裕是实现中华民族伟大复兴中国梦的内在要求,二者的精神内核是一致的。新时代共同富裕思想中所蕴含的以人民为中心的发展思想,全面建成小康社会的第一个百年奋斗目标、新发展理念、精准扶贫战略,不仅为全体人民共同富裕提供可能,更为实现中华民族伟大复兴的中国梦提供了全方位、切实可行的途径。实现共同富裕,为国家富强奠定了坚实基础,没有共同富裕,就不可能实现国家富强、民族复兴。坚持共同富裕思想的指导,有利于实现第二个百年奋斗目标,有利于实现中华民族伟大复兴(李海舰、杜爽,2022)。

3.有利于实现人的自由全面发展

马克思主义科学社会主义理论预言,共产主义社会将实现人的自由全面发展。共产主义社会初级阶段也就是社会主义阶段所做的一切努力,都是为共同富裕的最终实现打下基础。根据马克思、恩格斯的未来社会思想,共同富裕的实现过程可以分为两个阶段:一个是社会主义建设阶段,另一个是共同富裕最终实现阶段,即实现人的自由全面发展阶段(毛勒堂,2022)。

共同富裕是一个关于人的发展和需要的理论。人的需要是随着社会的进步和自身的发展逐渐变化的,不同阶层的人有不同的需要,人在不同的阶段需求也是不一样的,人不同的需要决定了共同富裕在不同阶段有不同的表现形式。但是马克思主义认为人的需要和发展立足于无产阶级和广大的劳动人民,他们的需求主要有经济需求、政治需求、文化需求。无产阶级和广大劳动人民在资产阶级的掌控下,经济上受资本家的剥削,政治上受资产阶级的压迫,渴望获得平等的经济地位和政治地位,资本主义生产方式和雇佣劳动制度决定了他们无法获得人人平等的经济利益和政治地位。社会主义制度的建立使无产阶级当家作主,人民群众是物质财富、精神财富的创造者,享有平等的经济利益和政治地位。社会主义生产力的飞速发展,为人民群众提供了更充裕的闲暇时间和相对丰富的物质财富,人民群众的需求也主要体现在精神文化方面,表现出对美好生活的向往。因此,共同富裕思想的服务对象是人民群众,要把人民从自然和社会中解放出来,才能实现人的自由全面发展(苏勋强、李银兵,2022)。

二、可持续发展理论

(一)可持续发展理论的定义与由来

通常认为,可持续性概念起源于人们对森林、渔业等可再生和再生资源利用的认识。当前,随着人类对生态系统认识理解的不断加深,产生了现代的可持续性发展概念。1987年,世界环境与发展委员会发表了《我们共同的未来》报告,其中对可持续发展的概念做了正式界定:"既满足当代人的需求,又不对后代人满足其自身需求的能力构成危害的发展。"该定义包括了两个基本概念:一是"需求"的概念,二是"限制"的概念。技术状况和社会组织会对生态满足现在和将来需求的能力施加限制,但这种限制不是绝对的。人们对技术状况和社会组织进行的管理和改善,已经开辟了经济发展新时代的道路(鲜祖德、巴运红、成金璟,2021)。

1992年,联合国召开世界环境与发展大会,与会国家及国际组织以"可持续发展"为指导思想,从资源管理、生态保护、科学技术、国际合作、动员群众参与等方面进行了广泛讨论,第一次把"可持续发展"从理论推向行动,强调社会、经济、资源与生态的协调发展,追求人与自然之间的和谐,核心思想是经济发展应建立在生态持续、社会公正和人民福利不断提高的基础上(周宏春、史作适、江晓军,2021)。

可持续发展理论的基本要义主要包括:(1)合理开发和利用自然资源;(2)实现社会经济与生态协调发展的平衡;(3)改变传统生产方式和消费方式;(4)实现代际的机会均等;(5)建立新的道德和价值标准,提倡人与自然的协调。

(二)可持续发展理论的内涵

可持续发展是一种全新的社会发展模式,涵盖了人类生产、生活的方方面面,有着丰富而深刻的思想内涵。布鲁克菲尔德在1991年指出,可持续发展的本质是,运用资源保护原理,增强资源再生能力,引导技术变革,使可再生资源代替不可再生资源成为可能,使资源利用趋于合理化。维托塞克认为,可持续发展不仅是人类合理利用自然资源,不消耗资源存量,而且是人类在利用资源的同时,能够防止地区或全球发生不可控制的、不可预见的和有害的改变。发展经济学专家斯特里顿等人认为,增长和发展目标应确定为不将国民收入最大化作为基本需要,在发展中要重视人的发展,加强对卫生、营养、教育方面的重视。还有学者提出,结构改革是发展必不可少的内容,应将其与基本福利、国家的实际情况放在一起综合考量,并基于此提出"一体化论"。该理论认为,发展规划必须涵盖所投入的资源,包括资本、劳动、教育、自然资源、营养、劳动科学研究等,进而保证发展的每个阶段都能做到人力资源与物质资源的协调统一(鲜祖德、巴运红、成金璟,2021)。

(三)可持续发展理论的内容

作为一门新兴学科,在美国、日本等国家,可持续发展理论只有10年左右的历史。1987年,巴比尔等人发表的一系列经济、生态可持续发展的文章引起了国际社会的关注。同年,世界环境与发展委员会正式提出可持续发展的理念。研究重点是经济发展如何适应人类社会,不超出生态的承载能力,促进人口、生态和资源协调发展。经过多年的发展,这一领域的改变显著,并形成了自己的研究内容和研究方法。可持续发展的目标是建立和创造一个可持续发展的社会、经济和生态系统,核心是科技和教育的可持续发展。从思想精华上看,可持续发展包括三个方面,即人与自然共同进化的思想、世代伦理思想和效率与公平的意识形态目标。可持续发展的战略目标是恢复经济增长,提高经济增长的质量,满足人民的基本需求,确保稳定的人口水平,保护和强化资源基础,明确技术发展方向,协调经济和生态的关系。可持续发展的理论抛弃过去"零增长"(过分注重环保),以及过分强调经济增长的激进思想,主张"既要生存,又要发展"。这对于发展中国家来说非常重要。在评价指标体系方面,是将资源核算、生态核算和国民经济核算结合起来,以解决国民经济核算体系(SNA)的缺陷,建立以目标为导向的"资源—生态—经济"的可持续发展的综合管理系统。主要做法是建立独立账户体系、生态与经济的关系体系,将间接的生态资源因素纳入国民经济核算体系。联合国自20世纪80年代中期推出了"生态—经济"一体化核算体系(SEEA),以及新SNA框架体系(王红帅、李善同,2021)。

(四)可持续发展理论的特征

可持续发展理论有三个基本特征。

第一,经济增长是可持续发展的重要前提。可持续发展的核心是发展,通过发展带动经济增长,通过经济增长带动社会发展。

第二,保持良好的生态环境是可持续发展的必要条件。经济发展固然重要,但是经济的发展不能超越能源和生态的承载能力,不能盲目发展经济而忽略了美丽的生态环境。可持续发展的基础是能源和自然资源,保护生态资源是可持续发展的硬性指标。

第三,社会进步是可持续发展的根本目标。可持续发展理念强调改善人类生活质量和健康水平,强调经济发展是前提,生态保护是条件,社会共同进步才是目的。

(五)可持续发展的必要性

当前,世界性的生态危机日益凸显,可持续发展的必要性主要有以下三个方面。

1. 全球可持续发展的紧迫性明显加剧

随着世界人口增长速度不断加快,消费水平持续提高,资源日益紧缺,世界各国政府面临污染物的治理和生态重塑等难题。推动经济、社会和生态等领域的可持续发展是大家共同的责任。从根本上讲,主要是以环保为手段来达到使社会稳健发展的目的,具体表现形式是使社会经济平稳向前推进,解决民众温饱问题,让更多人不再忍饥挨饿,使人类的健康、教育等权利有保障,实现代际公平,社会能够可持续发展等(Liu, Huang, Yang,2021)。

2. 中国经济新常态要求加快面向可持续发展的转型

在新时代,构筑生态文明作为中国社会可持续发展的前提保障,也是中国走向新型工业化的必然选择。虽然如今中国在绿色发展上获得了不俗的成就,同时也为全球做出相当大的贡献,但是我们在发展路上并未做到尽善尽美,加之国内外的局势问题,中国绿色发展面临着较大压力。总的来说,现在以及以后的一段时间,在可持续发展方面,压力源有以下几个:一是结构性矛盾所产生的影响,使经济难以继续保持中高速增长;二是由于发展方式较为落后,资源生态超负荷;三是由于收入差距鸿沟拓宽,在社会中要想实现分配公平具有很大的难度。在这种背景下,虽然对中国来说面临来自国内外的双重挑战和压力,但一般来说压力和机遇相伴而生。着眼于现实层面,中国有足够的能力来完成可持续发展绿色化这一目标。中国会在现有的基础上不断拓展开放的深度和广度,积极调整和改善发展方式,在可持续发展的贡献上再进一步(Liu & Yin,2022)。

3.生态文明建设要求量化可持续发展目标

2015年,中共中央、国务院发布了《关于加快推进生态文明建设的意见》,其核心内容是绿色化。此后,绿色发展成为指导国家发展的新发展理念之一。从具体发展规划上看,推进国家可持续发展,需要制定更详细的绿色、循环和低碳衡量指标,这是推动生态文明建设战略实施的重要手段。从发展内容上看,生态文明建设涉及资源利用、国土空间、制度安排、生态保护等领域,涉及生态污染治理和自然生态保护、国土空间开发和耕地集约利用、社会生活低碳化和绿色化、经济生产清洁化和循环化等。随着可持续发展进入实际操作阶段,需要以具体可操作的绿色发展为抓手,运用可统计、可监测、可衡量的考核指标,引领推动可持续发展精准化、数字化、集约化(Jia Wang,Su,2022)。

三、高质量发展理论

高质量发展于2017年中国共产党第十九次全国代表大会首次提出,表明中国经济由高速增长阶段转向高质量发展阶段。高质量发展就是要提高经济活力,培养创新力和竞争力。目前我国实施高质量发展有很多有利的条件,例如,过去几年我国人均消费的增长和服务业比重的增加,提高了我国经济运行的稳定性。中产阶级的规模不断扩大,则为高质量发展提供了坚实的基础。此外,供给侧结构性改革弥补了市场调节的不足,进一步发展了生产力,使高质量发展成为可能。西方发达国家在经历了工业革命以及近百年的现代化发展后,已经走上了高质量发展的道路,我国在这一阶段提出高质量发展具有划时代意义。中国特色社会主义在进入新时期后,社会主要矛盾已经转化为人民日益增长的美好生活需要和不平衡不充分的发展之间的矛盾,高质量发展是满足人民美好生活需要的必然选择。它包括政治、经济、社会、文化和生态等诸多方面,对应人们生活的方方面面(周晋名,2020)。

国内对旅游产业发展质量的研究相对缺乏,尤其是缺乏理论深度。对"旅游产业发展质量"也尚未有明确的定义,大多将"旅游产业发展状况"和"旅游产业发展效率"等同于"旅游产业发展质量",如陈秀琼和黄福才(2006)从产品质量、环境质量、要素质量、产业增长方式和产业经营质量五个方面构建了旅游产业评价指标体系,得出自1994年以来中国旅游业发展质量一直在下降的结论。他们定量评估了中国中部六省酒店业的发展情况,分析了产生差异的原因,并提出了相应的对策。王细芳和陶婷芳(2011)基于实际贸易指标的投入产出法评估了中国旅游业的对外贸易竞争力。与美国和澳大利亚相比之后,他们认为中国旅游业的外贸竞争力在过去十年中有所下降,旅游业的发展质量并不乐观。李仲广(2011)提出要构建我国旅游业发展质量的理论支撑,并分析了其必要性,提出除了技术层面的工作外,还应加强理论探讨。除此之外,其他的研究大多与旅游业的转型升级和发展方式的转变有关。从搜集到的文献来看,到目前为止,还没有完整且系统的关于旅游业发展质量的文献。因此,需要学者们深入研究,完善旅游产业发展质量的理论基础。在"旅游产业发展质量"的评价体系方面,目前的研究多采用竞争力、实力等通用的评价指标,未能提出一套针对旅游产业发展质量的评价体系(战冬梅,2019)。

(一)全域旅游高质量发展

在全域旅游的背景下,中国旅游产业正处于从高速增长向高质量发展转变的关键时期。在这一时期,旅游的发展追求的不再仅仅是旅游人次上的增长,而是旅游质量的提升,具体来说,就是追求更加高效的旅游发展,这需要各行业的通力合作,确保旅游产业顺利向高质量发展方向转变(周晋名,2020)。如花群和李伟(2018)提出了全域旅游高质量发展的几个注意点:第一,注重规划引领;第二,注重利用禀赋;第三,注重整合资源;第四,注重夯实基础;第五,注重政府引导,其从宏观角度讨论了全域旅游高质量发展的对策。于风贵(2018)则就山东省的全域旅游高质量发展提出了自己的建议:第一,打造十大文化旅游目的地,推动文化旅游发展。第二,发展乡村全域旅游,助推乡村全面振兴。第三,建设海洋旅游聚集带,助力经略海洋战略。第四,推进产业跨界融合发展,培育旅游新业态。第五,加强旅游基础设施建设,完善公共服务。第六,健全监督执法机制,提升旅游服务质量。第七,深化体制机制改革,强化综合协调职能。于生妍(2018)对青海省全域旅游高质量发展的特征进行了总结,归为三点:第一,产业升级,形成了旅游市场新业态,主要指"旅游十"作为现代旅游发展的趋势,正在带动第一、二产业的发展。第二,点线面相结合,为多区域合作发展提供契机。第三,旅游发展成果由全民共享,而不再是少数人的蛋糕。她认为正是这些让青海省从旅游名省向旅游大省转变。张斌(2019)提出促进全产业融合是推动全域旅游高质量发展的有效途径,并对全产业融合的实现提出三点建议:第一,科学规划全域旅游发展布局;第二,全力推进文化旅游融合发展;第三,大力打造全域旅游特色品牌。庄伟光和邹开敏(2019)对广东省的旅游业发展进行了分析,提出以全域旅游推动广东省旅游高质量发展,并给出了几点建议:第一,加强体制机制创新;第二,丰富旅游业态和产品;第三,完善旅游公共基础设施和服务体系;第四,扶植旅游企业发展;第五,积极推动相关政策的出台与落地。

(二)乡村旅游高质量发展

乡村旅游具有推动旅游产业发展、保护乡村文化、缩小城乡差距的功能。在倡导共享发展的大背景下,发展乡村旅游是城乡均衡发展的重要途径。目前乡村旅游的高质量发展主要包括:第一,乡村旅游资源的整合,特别是文化资源;第二,乡村旅游人才的培养;第三,乡村旅游基础设施的完善;第四,乡村旅游的科学管理,包括监管与专业化管理。如张碧星(2018)从产业链的全局出发寻求能够促进乡村旅游常态化、高质量发展的路径,推动乡村旅游高质量发展。她提出了几点建议:第一,强化乡村旅游的品牌化发展理念;第二,注重乡村旅游资源的整合;第三,加大乡村优秀人才的引进与培养力度。牛禄青(2018)认为乡村旅游作为经济发展新动能其发展前景广阔,而高质量发展是发挥其驱动作用的重要保证。他也给出了自己的建议:第一,要加强乡村旅游的科学规划;第二,要加快改善乡村旅游的基础设施;第三,要全面提升乡村旅游的文化品质;第四,要注重科技对乡村旅游发展的作用;第五,要加大乡村旅游人才的培养力度;第六,要积极拓宽融资渠道。张玉帆(2019)基于对成都市农科村的调查,研究了乡村旅游高质量发展的路径,包括挖掘高品质特色乡村文化,维护乡村高品质休闲环境,完善乡村产业服务体系,加强当地基础设施建设。易慧玲和黄渊基(2019)指出乡村旅游高质量发展需解决"三多三少"问题,谋划多规划少,品类多品牌少,融入多融合少。

(三)文旅融合推动旅游高质量发展

十三届全国人大一次会议审议将国家旅游局与文化部合并,组建文化和旅游部,这标志着文化与旅游产业的深度融合有了国家支撑。目前的文旅融合发展还处于起步摸索阶段,学者们都给出了自己的建议;第一,提高创新能力,创新是文旅融合的动力;第二,发挥文化和旅游融合的联动效应,文旅相互促进;第三,培养高素质的人才队伍,为文旅融合提供智力支撑。如靳吉新和靳韬(2018)就河北省石家庄市栾城区的旅游发展提出如何更好地挖掘"三苏(苏洵、苏轼、苏辙)"文化的丰富内涵,提高知名度和影响力,提升旅游发展配套功能,打造精品旅游线路,这些是推进文化旅游业高质量发展的有效之举。何俊杰(2019)认为文化与旅游融合发展,是推动城市和产业转型升级、提质增效的重要途径。绍兴市应当围绕"以文促旅、以旅彰文、文旅融合"的工作思路发展文化旅游,并注意以下几点:第一,以融合为核心;第二,以转化为手段;第三,以创新为动力;第四,以服务为宗旨。杨文江、史文洁、王晓卫等(2018)将高质量发展视作推动昆明市晋宁区文化与旅游深度融合发展的动力,并提出以下发展建议:第一,将文化旅游产业融入区域性国际中心城市建设;第二,采取创新措施做活做强文化旅游产业。他们还列举了该地重点工程项目的建设成效,说明该地文旅发展的广阔前景。姜师立(2019)探讨了文旅融合背景下大运河旅游高质量发展的对策,提出要统筹大运河旅游规划、融合开发大运河旅游产品、精心打造大运河文化旅游精品线路、双向延长大运河旅游产业链以及塑造统一的"下江南游运河"文化旅游品牌。李萌(2019)提出要以文旅融合推动长三角旅游高质量发展,他认为要特别关注长三角文旅融合发展的政策意见和相关评价标准的制定,搭建专业的交流平台,发挥文旅融合对长三角高质量一体化发展的推动作用。

(四)旅游高质量发展的路径

针对如何高质量发展旅游业,学者们从不同角度提出了自己的方案,虽然各有侧重,但总结起来,主要有以下几点:第一,有效利用当地文化,将文化与旅游相互融合,以文化为旅游吸引物。第二,绿色发展,在发展的同时也要保护生态。第三,充分利用互联网,为旅游的高质量发展助力。第四,旅游发展成果的合理分配,要让民众参与进来。第五,坚持开放发展,解决好发展中的内外联动问题。第六,旅游专业人才的培养,为高质量发展旅游提供智力支撑。如王红彦(2018)认为京津冀要实现旅游的高质量发展就要打好六张牌:第一,"文化牌",推动文旅融合发展;第二,"生态牌",推动绿色发展;第三,"需求牌",推动协调发展;第四,"品质牌",推动共享发展;第五,"改革牌",推进创新发展;第六,"合作牌",推动开放发展。王昆欣(2018)认为长三角旅游的高质量一体化发展要从以下几个方面努力:第一,在旅游服务基础设施上,以智能化、便捷化为导向;第二,发展成果应惠及更多民众;第三,建立旅游综合监管机制。吕晓磊(2019)探讨了鄂尔多斯发展 IP 旅游的优劣势,并结合鄂尔多斯 IP旅游的发展现状提出,鄂尔多斯需要塑造核心吸引物,并且构建 IP宣传营销体系。王欠欠和夏杰长(2019)提出通过新旧动能转换,来促进旅游业的高质量发展,并给出了以下几点政策建议:第一,加速旅游产业的多元融合发展;第二,加快提升从业人员素养和业务能力,增强消费者的监督意识;第三,促进"互联网+旅游"向纵深发展,注重新型人才的培养。虢正贵(2019)以张家界国家森林公园为例,提出以森林旅游助推旅游的高质量发展,指出只有认真践行"绿水青山就是金山银山"理念,在保护中发展、发展中保护,才能真正实现旅游业的高质量发展。目前关于旅游高质量发展的研究目前尚处于起步阶段,且多见于报端,虽然此前也有关于旅游产业发展质量的研究,但较为零散,不成体系,难以为旅游业的高质量发展提供坚实的理论基础。

综上,可以看出,目前学术界普遍认为旅游业的高质量发展离不开以下几点:第一,创新发展。如:"IP 旅游""互联网+旅游""文旅融合"都属于旅游创新发展的范畴,创新是发展的第一动力,同时也是旅游高质量发展的重要驱动力,而人才是创新的主体,因此人才队伍的培养尤为重要。第二,绿色发展。践行"绿水青山就是金山银山"理念,走可持续发展道路,在保护中发展、发展中保护,才能真正实现旅游的高质量发展。第三,开放发展。现今的中国日益开放,这意味着将来中国会与世界各国有越来越多的贸易合作往来,更多的商务活动也将为中国的旅游业带来巨大的商机,从而推动我国旅游业的高质量发展。第四,共享发展。这里的共享包括行业共享、城乡共享和人人共享。全域旅游就是要求旅游业与其他各行业联合起来发展旅游业,同时共享发展成果。乡村旅游是促进城乡共享旅游发展成果的重要手段,它不仅可以保护乡村文化,还可以有效缩减城乡之间的差距,总而言之,共享发展就是要让更多的人参与进来分享旅游发展的成果,真正让旅游的发展"高质量"(周晋名,2020)。

第二章　葡萄酒旅游融合发展模式

第一节　葡萄酒旅游发展现状

一、中国葡萄酒旅游现状

2018 年,中国旅游日活动的主题是"推进文旅融合 发展全域旅游 共创美好生活",旅游是人类对美好生活的向往与追求,是认识新鲜事物和未知世界的重要途径(龙嬅升、邢鹏飞,2019)。习近平总书记指出,人民对美好生活的向往就是我们的奋斗目标。增进民生福祉是发展的根本目的。我们要更加紧密团结在以习近平同志为核心的党中央周围,抓住文化和旅游融合发展新机遇,奋力迈向优质旅游发展新时代。2019 年,"世界旅游联盟·湘湖对话"论坛中提到,联合国大会《世界人权宣言》明确,自由迁徙和居住是人的基本权利。毫无疑问,旅游活动,本质上就是一种离开常住地的异地体验。近几年来,在有关旅游的重要公开场合多次提到"转型升级""生活方式"

"幸福指数""增进民生福祉"等关键词,可以看出追求美好生活、提高生活品质的理念已经深入人心(周敏慧,2016)。葡萄酒旅游作为一种在国外风靡多年,在国内"锋芒初露"的生活方式,在人们对于美好生活的求索下,关注度节节拔高(朱仁鹏、张萍、丁爱芹,2009)。

根据葡萄酒产业界大咖李德美老师的产区划分逻辑来看,中国共有宁夏、山东、北京、河北、新疆、云南、内蒙古、江苏、吉林、陕西、甘肃、四川、山西、辽宁 14 个葡萄酒产区。相比于各产区频频出台葡萄种植、葡萄酒产业发展、葡萄酒酿造规范等与第一、二产业相关政策,聚焦第三产业的葡萄酒旅游政策却寥寥无几。截至 2020 年 6 月,全国 14 个产区中只有山东产区出台政策,并在政策标题中明确表明扶持葡萄酒旅游产业发展(《关于大力发展葡萄酒旅游的意见》《关于举办文化旅游、葡萄酒旅游节庆、赛事活动的奖励补贴办法》)。

笔者研究抓取了大众点评与携程的 96 家酒庄的评论(抓取时间为 2020 年 5 月 6 日),实现了 14 个产区的全覆盖,其中,宁夏产区的酒庄数量最多,有 26 个;山东、北京、河北的酒庄数量都在 10 个以上;新疆有 8 个酒庄;云南、内蒙古、江苏、吉林、山西、甘肃、四川、山西、辽宁的酒庄数量都非常少。不过产区的酒庄数量和产区的网络热度并不能直接挂钩。拥有 14 个酒庄的北京产区以 4992 条评论雄踞网络热度榜第一名,拥有最多酒庄的宁夏产区则以 605 条居于第四位。网络热度第二名的陕西产区拥有 2347 条评论,不足北京的1/2。网络热度排名最后一位的山西产区,只有 3 条评论。纵观酒庄的线上探索之路(在"大众点评"拥有第一条评论的时间),对每个产区崭露头角的第一家酒庄进行统计,发现其中不乏大牌酒庄的身影。从 2008 年河北产区的马丁酒庄收获第一条评论,到 2019 年辽宁产区的太阳谷酒庄收获第一条评论,11 年的跨度让国内的每个产区都在互联网上留下了身影。其中,张裕品牌在酒庄旅游、酒庄互联网转化方面起到了至关重要的带头作用。北京产区的张裕爱斐堡酒庄、山东产区的张裕卡斯特酒庄、陕西产区的张裕瑞那酒庄、新疆产区的张裕巴马男爵酒庄,都是让产区上线互联网的"先头部队"。张裕品牌当之无愧是国内酒庄跨界旅游、跨界互联网的实践先驱。旅游酒庄在本地生活服务类平台大众点评上的露出数量,远高于专业旅游平台携程,可能是因为大众点评社区用户多、分享范围广,不过这也刚好契合了如今"旅游是一种生活方式"的理念,为旅游酒庄添上了更加"生活""日常"的色彩。宁夏产区的旅游酒庄在大众点评露出数量最多,北京、河北、山东、新疆产区的旅游酒庄在大众点评和携程两个平台的露出数量基本持平。

二、宁夏葡萄酒旅游发展现状

宁夏发展葡萄酒旅游正当时,宁夏贺兰山东麓产区是我国唯一分布在省会城市并与旅游资源融合紧密的产区。2017 年初国务院公布的国家重点专项规划中,贺兰山旅游风景道被列入 25 条国家旅游风景道行列。贺兰山东麓葡萄酒旅游长廊作为贺兰山国家级旅游风景道的重要组成部分,已成为宁夏全域旅游发展的核心区域。2021 年,产区已建成的 102 家酒庄中,有 20 家酒庄具备提供 20 人次及以上团队餐饮、住宿服务的能力。此外,还有 30 余家酒庄已具备开发参观、品鉴、住宿、餐饮等旅游活动的潜力,发展空间大。在以葡萄园和酒庄参观、品鉴葡萄酒为主的旅游产品的基础上,作为旅游商品销售的葡萄酒也日趋多样化,主要以起泡酒、干性红/白葡萄酒、桃红葡萄酒、甜性酒(冰酒)、白兰地等为主。宁夏贺兰山东麓产区在开展葡萄酒旅游活动方面有明显的区位优势和资源条件。多家酒庄与西夏王陵、贺兰山岩画、镇北堡西部影城、沙湖、水洞沟等高级别经典旅游景区之间距离近、交通便利,联动效果值得期待(李倩娜、姚娟、赵向豪,2018)。

目前全产区的 47 家列级酒庄中,获批 4A 级旅游景区的酒庄有 2 家(张裕摩塞尔十五世酒庄、志辉源石酒庄),获批 3A 级旅游景区的酒庄6家(长城天赋酒庄、贺东庄园、西鸽酒庄、西夏王玉泉国际酒庄、巴格斯酒庄、森淼酒庄),获批2A级旅游景区的酒庄2家(立兰酒庄、原歌酒庄)。其中志辉源石酒庄入选第六批国家文化产业示范基地;巴格斯酒庄、志辉源石酒庄、西夏王玉泉国际酒庄、米擒酒庄等4家酒庄被列为自治区文化产业示范基地。

2019年,宁夏贺兰山东麓产区中志辉源石、张裕摩塞尔十五世等酒庄年接待量超10万人次,年均增长率在20%左右,葡萄酒旅游成为宁夏全域旅游的新时尚。2013年美国《纽约时报》评选出的全球必去46个最佳旅游地中,宁夏入选的理由是"宁夏可以酿造出中国最好的葡萄酒"。

第二节　葡萄酒旅游产品体系

那么除了酒店是实践载体之外,在葡萄酒旅游发展过程中还有哪些实践活动?不同风格的酒庄产品体系是否会有不同?通过对96家酒庄所有游客评论的词频进行分析,共总结出八大类、105个子类的葡萄酒旅游运营活动,并总结了不同类型酒庄的运营模式。

旅游运营活动的八个大类分别是特色体验、科普观光、其他观光、拍照摄影、儿童游乐、会议团建、婚礼宴请和配套(见表2.1),并且从子类的细节可以看出,中国的葡萄酒旅游已经实现了多种业态的跨界融合(Byrd,Bhadury,Troy,2017;杨吉华,2016)。

表 2.1　葡萄酒旅游产品体系

大类名称	大类定义	子类
特色体验	依托酒庄内独特的环境氛围和文化主题，开展自主性强的互动体验活动	品酒活动、葡萄采摘、DIY 酒、动物园玩耍、有机农作物采摘、温泉体验、草坪踢足球、户外烧烤、水上乐园玩耍、打高尔夫球、其他水果采摘、皮划艇游玩、滑雪、马场骑马、垂钓、梅花鹿苑玩耍、室外冰雪乐园玩耍、戏水划船、葡萄酒水疗、爬山、葡萄树认养、音乐舞蹈活动、手工制作、打网球、认领开心农场、书画俱乐部体验、摄影展览、免费汉服换装、漂流、红酒养生洗浴、铁索桥行走、人工橡木桶踩葡萄、骑骆驼、真人 CS（De Luca Campo，Lee 2019；Velikova，Can Ziani，Williams，2019）
科普观光	依托酒庄内从种植、酿造到贮藏等生产加工环节，开展观光活动，路线固定，有导游讲解（Hsieh，Lee，Yin 2019）	酒窖参观、酒庄博物馆参观、4D 影院观影、酿酒生产线参观、葡萄园参观、葡萄长廊参观、酿酒车间参观、黑暗骑乘参观、梦幻剧场观演、生产车间参观、酒窖迷宫参观、展览厅参观、球幕电影观看、空中酒廊参观、灌装生产线参观、白酒博物馆参观、起泡酒生产线参观、葡萄酒文化长廊参观、影视厅观影、宣传片观影、酒堡参观、酒庄参观（Santos，Ramos，Almeida，2017）
其他观光	依托酒庄特色环境，欣赏与葡萄酒没有直接联系的特色建筑，景观欣赏活动（Brain，2019）	3D 错觉艺术馆参观、天鹅湖赏景、人工湖观赏、教堂参观、夜晚灯光秀、壁画参观、孔雀园观光、花海赏景、艺术长廊参观、亭台水榭观光、空中花园赏景、荷花池观赏、草坪花园观光、花园赏景、玫瑰长廊观光、喷泉观光、凤凰湖/湿地观光、池塘观赏、薰衣草田观光（Ramos Cuamea，Calván-León，2019）
拍照摄影	依托酒庄自然风光和建筑特色，专程开展的打卡拍照、网红拍照、个人写真、婚纱摄影等活动（Duhan，Rinaldo，Velikova，et al.，2019）	—

续表

大类名称	大类定义	子类
儿童游乐	依托酒庄特色环境和场地,开展儿童/亲子游乐活动(Weatherbee, Sears, Mac Neil, 2019)	儿童乐园玩耍、亲子 DIY
会议团建	依托酒庄特色环境和场地,开展专业酒类研讨、公司团建、商务会议等活动(Lau, Cheung, Pires, 2019)	—
婚礼宴请	依托酒庄特色环境和场地,举办婚礼,宴请宾客	—
配套	一系列餐饮、住宿、聚会休闲等相关的设施与活动(Hsieh, Lee, Yin, 2019)	餐饮、红酒购买、酒店住宿、野餐、户外餐车、白兰地赠送、酒吧休闲、咖啡厅休闲、KTV休闲、木屋住宿、地炉烧烤、娱乐室、红酒赠送、休息区、接待中心、烧烤、跑道、桌球室、健身室、选购伴手礼、麻将房、舞蹈室、泳池、集装箱民宿、野外宿营、私人订制酒桶(Bruwer Cohen, Kelley, 2019)

特色体验其实"不止于酒"。该大类共包含了 34 个体验活动,不仅有与葡萄和葡萄酒特色相关的品酒活动、葡萄采摘、DIY 酒活动,也有和酒庄本身特色相关的温泉体验、水上乐园玩耍、皮划艇游玩等,视每个酒庄能够提供的旅游服务而定。从出现的频次来看,品酒活动、葡萄采摘、DIY 酒是出现频次最高的;除了四川、内蒙古和山西产区(评论数量太少),在其他产区都抓取到了对"品酒活动"和"葡萄采摘"活动的评论,这也能够体现出酒庄旅游的特色——"三句话不离葡萄酒"。从每个产区体验活动的数量来看,北京产区酒庄的体验活动最多,包含 19 个子类,其次是河北、吉林、宁夏和山东地区。

科普观光活动包含了 22 个子项,均为与葡萄和葡萄酒有关的观光活动。提到观光,似乎有一种说法认为观光是旅游发展初期的产物,是最基础、最传统的一种方式,可挖掘性和附加值低。但是在酒

庄的科普观光活动中,我们却看到了很多令人惊喜的探索。科普观
光活动实现了三种创新,分别是创新技术、创新方式与创新场景。创
新技术,如张裕酒庄会用4D电影院、球幕电影屏来播放有关葡萄酒
的宣传片,让视觉效果更加震撼,让游客能够沉浸式体验;此外,张裕
酒庄运用了常用于主题乐园中的"黑暗骑乘(即让游客搭乘载具在封
闭空间前进,并以造景与多媒体投影等多种手段来创造虚拟的空间
感觉)"方式,让游客乘坐小火车在设计好的光影梦幻葡萄酒知识空
间中前进,得到更多新奇体验。因为酒庄本身就是集种植、采摘、生
产、贮存与销售一体的场所,带有工业旅游的特性,酒庄内的科普活
动也是基于场景的一种创新:参观葡萄园、葡萄酒生产线、酒窖等场
景,绝大多数产区都提供这样的观光活动,在这样的场景中介绍品
牌、产品、酒庄发展史,不仅是酒庄展示自己的绝好机会,对于游客来
说也是非常好的研学体验(Quintal,Thomas,Phau,et al.,2017)。

拍照摄影和其他观光两大类,也非常受酒庄游客的喜爱。拍照
摄影不包含可清晰区分出的子项,不过在酒庄中,一般会有婚纱摄
影、日常写真、网红拍照等活动。其他观光指的是与葡萄和葡萄酒没
有直接关系的观光活动,从"天鹅湖赏景""教堂参观""壁画参观""艺
术长廊参观""花海赏景"等子项中能够看出,酒庄的确是美景与文化
并存的旅游目的地,不仅有碧波荡漾、花团锦簇的自然场景,还有着
深厚的艺术、历史文化底蕴(Terziyska,2017)。

除配套以外的七个大类中,儿童游乐是占比比较小的一类,它的
子项数量也非常少,只有"儿童乐园玩耍"与"亲子DIY"活动两种。
其中"儿童乐园玩耍"主要包括充气堡、蹦床、沙坑、跷跷板等小型游
乐设施;亲子DIY主要包括画沙画、做果酱等互动活动。从中可以
看出,当前酒庄要么不考虑加入亲子游乐活动,要么在设计儿童游乐
活动时主要将其作为丰富整体产品体系的辅助活动。这可能和人们
对于酒庄的常规认识有关(Dressler,2017)。

对此,《全球葡萄酒旅游的最佳应用》一书就有着这样的疑惑:葡

萄酒和小朋友，好像是水火不容的。如果带天性好奇的小朋友去酒庄，要怎么跟他解释这优雅瓶子里的绛红色液体你只能看不能喝？酒庄里的氛围这么神秘浪漫，在和朋友喝到微醺聊得畅快时，又要怎么照顾旁边活泼好动的孩子呢？

其实这样的问题不用纠结。作为一个综合体，酒庄的定义本就不止于酒，酒庄也不仅仅是浪漫、优雅、高贵、异国风情的代名词，也可以代表温馨、可爱、异想天开，是家庭共同成长的理想场所。"葡萄酒＋亲子游"，其实可以成为新蓝海。

法国博诺莱的爱摩帝博葡萄酒公园便是"葡萄酒＋亲子游"的跨界典范，被称为"法国的葡萄酒迪士尼乐园"。全年龄段、不同葡萄酒知识水平的游客都能够在这里享受美好时光。有可以休闲骑行观赏葡萄的花园、老火车站改造的接待厅与餐馆、葡萄酒博物馆、葡萄园迷宫、空中热气球等设施，强调趣味性、自主性强的探索；此外还有非常多的活动，如化装晚会、舞会、餐会等。多样化的产品与活动设计，早已让酒庄跳脱出了原来的内核，葡萄园区、山川树林、特色建筑等，都变成了能让人自主探索和融入的包容载体，适合葡萄酒专业人士，更适合家庭轻松休闲。

酒庄能够承载的、孩童能够接受的，远比我们想象得要多。在如今充满声光电刺激的主题乐园和千篇一律的采摘农场中，酒庄自带主题与深厚的文化底蕴，做亲子游有着差异化优势，可达到事半功倍的效果。

婚礼宴请活动目前在八大类中虽然占比不高，也并没有从评论中抓到能够清晰分离出的子项，只有较为常规的婚礼仪式、亲朋聚餐等活动，但近两年来在酒庄内举行婚礼的热度极速攀升，很有可能成为酒庄未来新的利润增长点。在2010—2019年所有与婚礼相关的评论中，发现在2018年到2019年，对于在酒庄举办婚礼宴请活动的评论数量增加了三倍多。

酒庄特色的建筑场景、良好的自然环境、广阔的宴请场地，都使它成为婚礼宴请的理想选择地。目前能够举行婚礼的酒庄,主要分成四类,分别为城堡艺术派、山庄别墅派、天海一线派和乡野田园派。

会议团建活动目前在八大类中占比最低,但它的扩展度很大。酒庄具有专业属性,可以承接与葡萄产业相关的专业会议;不少建有酒店的酒庄,依托酒店和广阔的场地,能够策划集餐饮、团建活动、住宿于一体的公司大型活动与年会。

第三节　葡萄酒旅游融合模式

每个酒庄都是特性迥异的子单元,聚集在各个产区内,又组成了个性迥异的大产区。有的产区是调节都市生活紧张感的后花园,有的产区是葡萄酒巨头云集之地,有的产区靠着小而美的精品酒庄独树一帜。有些产区是新锐的黑马,有些产区带着正当"壮年"的自信与稳重,它们是早年的"入局者"与如今的"破局者",各个产区都用怎样的方式来发展葡萄酒旅游呢? 我们可以尝试通过还原每个产区的样貌,来探索它们的发展历程。

一、北京产区——动作活跃的京郊后花园

研究抓取发现,北京产区,大众点评中上线 14 家酒庄(酒庄数量排名第三),拥有 4992 条评论(评论总数排名第一)。上线的 14 家酒庄分别为张裕爱斐堡国际酒庄、圣露庄园、丹世红酒庄、沃德酒庄、乾元酒庄、京外萄源祥莱堡红酒庄、波龙堡葡萄酒庄、邑仕庄园、8 号酒庄、欧菲堡国际酒庄、玛莱特红酒庄园和云上酒庄。

在 2009 年,张裕爱斐堡国际酒庄收到第一条大众点评用户评论,成为北京产区最早在大众点评"出道"的酒庄。同时,它也是北京产区收获评论最多的酒庄。

但其他的酒庄也并非默默无闻。在北京产区有一匹极为亮眼的

黑马，那就是圣露庄园。仅仅在大众点评"出道"三年的圣露庄园，在2019 年收获了 700 多条评论，是当年张裕爱斐堡国际酒庄评论数量的两倍以上，也是 2019 年北京产区收获评论数量最多的酒庄。圣露庄园热度暴涨，跟它的运营模式不无相关。

除张裕爱斐堡国际酒庄和圣露庄园之外，其他酒庄收到的评论数并不多，大多每年会收到个位数或两位数的评论。多数酒庄都是从 2017 年之后才开始收到网络评论的。

北京产区的酒庄发展较早，但最近几年才有遍地开花的趋势。酒庄与酒庄之间的热度差距十分明显。

从地图上来看，北京产区的酒庄呈团块状分布，并与旅游景区共生共融。密云与房山，是最大的两个聚集团块，在朝阳、大兴和延庆，也有零星的酒庄。无论是酒庄聚集区，还是单体酒庄的落点，其周围都有旅游景区，并且不乏 3A 级及以上级别的高等级旅游景区（见表2.2）。

表 2.2　北京产区葡萄酒旅游融合景区

聚集区	酒庄名称	附近景区
密云酒庄聚集区	张裕爱斐堡国际酒庄、邑仕庄园、御龙东方红酒庄园、8 号酒庄和欧菲堡国际酒庄	白龙潭风景区（3A）、首云国家矿山公园（3A）
房山酒庄聚集区	京外萄源祥莱堡红酒庄、乾元酒庄、莱恩堡国际酒庄、丹世红酒庄、波龙堡葡萄酒庄、沃德酒庄	十渡风景区（4A）、房山世界地质公园石花洞景区（4A）、云居寺石经山（4A）、圣莲山风景区（4A）、青龙湖公园（3A）
朝阳	圣露庄园	奥林匹克公园（5A）
大兴	玛莱特红酒庄园	北京野生动物园（4A）
延庆	云上酒庄	松山森岭景区（4A）、野鸭湖湿地公园（4A）、辉煌国际会议度假区（3A）

除了位于朝阳区的圣露庄园外，其他酒庄都四散在京郊各处。以北京火车站为起点，自驾 2—3 小时基本能够到达这些酒庄。2021

年初,办公空间服务品牌"梦想加"发布了《2020办公行为报告》,报告显示北京的加班强度为全国第一;此外,2016年滴滴出行与第一财经商业数据中心联合发布的《知道——华北城市智能出行大数据报告》显示,北京地区的上班族平均通勤时间为54分钟,是华北地区"上班路最长最耗时"的城市;2018年智联招聘发布的《2018年白领生活状况调研报告》称,超5成的北京白领租房生活。当然,在越来越"内卷"的社会现状下,虽然北京是工作与生活压力"双大"的一座城,但有着丰富的旅游资源,可以让人们短暂地缓解压力,放空灵魂。

有些景区只提供观光,配套设施不够完善,游客往往疲于奔命;有些酒庄内部配套设施尚可,但地方偏僻,游客只能待在酒庄里。而北京的酒庄聚集区与景区相伴,旅游资源丰富又高质,环境绝佳,酒庄内又有美食、美酒。如果再加上野餐、烧烤、采摘等活动、住宿等服务,酒庄可以打造成集景区观光、休闲度假、婚礼宴请、商务会议等为一体的旅游度假生活综合体。

目前北京产区的酒庄的确提供了很多休闲度假活动,可以被认为是赋予了葡萄酒主题,是适合家庭、朋友、情侣节假日短途休闲的主题乐园。北京产区休闲度假的特色体验类活动是所有产区中最多的,如皮划艇游玩、户外烧烤、泡温泉、骑马、垂钓、采摘有机蔬菜等活动,这些鲜少可以在其他产区看到。

北京市政府也决定集聚资源,将目前的供给再提升一个能级,助力葡萄酒旅游产业发展。北京市规划自然资源委房山分局在2021年初,核发了房山国际葡萄酒小镇一期项目的规划许可,并且早在2018年,房山区政府就和法国波尔多葡萄酒文化与文明基金会签署合作备忘录,拟将法国波尔多葡萄酒博物馆引入房山。

从前提到北京,我们只想到故宫、天坛、南锣鼓巷,烤鸭、爆肚、涮羊肉。这次调查之后发现,北京不仅在葡萄酒产业有基础,在"葡萄酒+旅游"的跨界运作中也表现出色。进化出休闲度假功能的酒庄们,未来将会作为休闲度假的后花园,在休闲旅游市场中大放异彩。

二、山东产区——大牌云集的经典海岸线

山东产区，大众点评上线 17 家酒庄（酒庄数量排名第二），拥有 1513 条评论（评论总数排名第三）。上线的 17 家酒庄分别为华东百利酒庄、张裕卡斯特酒庄、西夫拉姆酒堡、中粮君顶酒庄、逃牛岭酒庄、文成城堡、沃族酒庄、唐皇山谷国宾酒庄、汉诺庄园、台依湖国际酒庄生态文化区、济南卓雅轩酒庄、威豪酒庄、南山庄园、登龙酒庄、苏各兰酒堡、珑岱酒庄和奥德曼酒庄（孙书阳、李明健、衣明丽，等，2019）。

同样在 2009 年，张裕卡斯特酒庄和汉诺庄园收到大众点评的用户评论，成为山东产区最早在大众点评"出道"的酒庄。但山东产区的张裕卡斯特酒庄，相比同门兄弟北京张裕爱斐堡国际酒庄，似乎显得稍微冷清——同样"出道"数十年，爱斐堡国际酒庄有近 2000 条评论，卡斯特酒庄只有 300 多条。山东产区评论数雄踞第一的酒庄是作为《西虹市首富》拍摄地一夜爆火的文成城堡（王雪、朱文佳、刘静静，等，2018）。

山东产区的酒庄基本面，似乎与北京产区一样，仍旧是"经典"与"黑马"的博弈。只不过从网络热度来看，"经典"的代言人张裕卡斯特酒庄略处于下风（陈红云、衣明丽、杜兴林，等，2019）。

文成城堡 2015 年在大众点评"出道"，前几年一直默默无闻，评论数寥寥无几，2018 年评论数量开始增长，2019 年评论数更是 2018 年的三倍之多。结合评论内容可知，绝大多数的游客是在 2018 年《西虹市首富》上映后，被电影中豪华大气的巴洛克风格建筑所震撼，才来拍摄地文成城堡拍照打卡。

但评论数量多少这一表象是否真的会影响酒庄后续的发展，这一点有待商榷。因为绝大多数评论内容显示，文成城堡除了作为拍摄地表现十分突出之外，其他方面表现平平。甚至如果用旅游目的

地的标准来评价的话,文成城堡爆火之后开放的旅游服务,显然是偏传统且准备不足的。动线问题,酒店前台与入住房间分别在相隔很远的两座城堡;服务问题,自由行的游客与跟团游的游客并未分开,团队清早集合的声音略显吵闹……此外,文成城堡除了可提供建筑观光、常规的住宿与餐饮,并没有推出更多的休闲度假产品。

从地图上来看,山东产区的酒庄主要分布在蓬莱,在德州、济南、枣庄、青岛有零星分布。蓬莱是世界七大葡萄海岸产地之一,海风、阳光、沙砾,造就了独特的葡萄酒风味。

山东产区也是国内发展比较早的产区,华东百利酒庄、张裕卡斯特酒庄、中粮君顶酒庄背后都是在国内发展多年的葡萄酒企业。珑岱酒庄的背后,更是创造出酒中神话"拉菲"的罗斯柴尔德集团。在产业能级的提升上,山东也毫不示弱,张裕品牌发迹于此,后又建立了 5000 余亩的张裕国际葡萄酒城,集葡萄与葡萄酒研究院、葡萄酒小镇、葡萄酒生产中心等机构为一体,成为集生产、观光体验、教育研学等功能于一体的产业明珠(董峰、林富强、张文丽,等,2019)。

相比北京产区令人眼花缭乱的度假体验类产品,山东产区的活动更加紧扣葡萄酒文化主题。在特色体验活动中,品酒活动、葡萄采摘与 DIY 酒活动仍旧占据前列,其他体验活动寥寥无几。在科普观光活动中,山东产区可以说是涉及了葡萄酒产业链中的每个场景,从种植到生产、灌装生产线、酒窖仓储等,不一而足。希望山东产区可以不忘经典,引领潮流,从"国之经典"变为"国潮"。

三、宁夏产区——高质量发展的行业破局者

宁夏产区,大众点评上线 26 家酒庄(酒庄数量排名第一),拥有605 条评论(评论总数排名第四)。上线的 26 家酒庄分别为张裕摩塞尔十五世酒庄、贺兰晴雪酒庄、银色高地酒庄、志辉源石酒庄、西鸽酒庄、御马酒庄、卿王酒庄、巴格斯酒庄、长城天赋酒庄、长河翡翠酒庄、

酩悦轩尼诗夏桐酒庄、迦南美地酒庄、蓝赛酒庄、博纳佰馥酒庄、类人首酒庄、玉泉国际酒庄、新牛酒庄、卓德酒庄、森淼兰月谷酒庄、郭公庄园、罗山酒庄、汇达千红裕酒庄、龙驿酒庄、维加妮酒庄、贺东庄园、利思酒庄。

单从酒庄数量和评论数量上似乎看不出太多端倪，但如果细化到每个酒庄，宁夏酒庄目前的网络格局非常有意思。在 605 条评论中，状元张裕摩塞尔十五世酒庄占据了 169 条，榜眼志辉源石酒庄占据 38 条，其他酒庄的评论数都不到 10 条，甚至有 18 家酒庄只收到了 1 条评论。

从酒庄的"出道"时间来看，除了张裕摩塞尔十五世酒庄、御马酒庄在 2010 年前后"出道"，其余绝大多数酒庄都是在 2019 年前后开始拥有评论的。酒庄的"出道"时间集中、数量众多，尽管尚未收到很多评论，但这样迅猛的态势在未来会有大发展。

从地图来看，宁夏产区的酒庄是沿贺兰山东麓呈南北带状分布的。而这一条酒庄带，就是大名鼎鼎的贺兰山东麓葡萄文化长廊。这一条葡萄文化长廊两侧分布着大大小小百余家酒庄，不仅有着国内经典老字号张裕摩塞尔十五世酒庄、长城天赋酒庄、御马酒庄，也有国际大牌酩悦轩尼诗夏桐酒庄。大牌酒庄气派，"小而美"的精品酒庄也有独特的吸睛点。贺兰晴雪酒庄 2009 年份的"加贝兰"，曾在著名的品醇客国际葡萄酒大赛荣获国际金奖，从此一战成名。习近平总书记曾访问过志辉源石酒庄，从矿坑废墟到果园围绕的石头城堡，这家有故事的酒庄一直践行着"不负青山"的生态建庄之路。迦南美地、类人首酒庄等都在这条长廊的两侧，它们自主耕种，自主采收，精心酿制的葡萄酒反映了贺兰山东麓的风土人情，多次荣膺国际奖项，不忘初心。

第三章　宁夏葡萄酒产业发展概述

第一节　宁夏葡萄酒产业发展背景与意义

一、宁夏葡萄酒产业发展背景

当今世界正处于百年未有之大变局,国际贸易格局、全球能源格局、全球金融体系、全球产业链和价值链等都在快速变化和深度调整之中,世界主要经济体普遍面临经济下行压力。旅游业是世界经济的重要组成部分,葡萄酒消费及葡萄酒旅游是民众美好生活的重要需求,新冠疫情是改革开放以来我国旅游业所遭受的影响最大、范围最广、程度最深的一次冲击,我国旅游业发展的外部环境面临复杂而深刻的重大变化,各种不稳定性和不确定性日益突出(王磊,2018)。

宁夏种植葡萄的历史可追溯至隋唐时期,至今已有 1600 多年历史,但葡萄酒产业的发展始于 20 世纪 80 年代初期。40 多年来,为充分发挥贺兰山东麓得天独厚的资源优势、生态优势、产区优势和品牌优势,自治区党委和政府大力推进葡萄酒产业发展,制定出台了一系列政策、规划、标准、制度和地方性法规,一任接着一任干,一张蓝图绘到底,走出了一条具有宁夏特色的品牌化、多元化、国际化葡萄酒产业发展之路,取得了丰硕成果。葡萄酒产业已成为宁夏扩大对外开放、发展现代农业、改善生态环境、巩固脱贫成果、推进城乡融合发展和农业供给侧结构性改革的重要产业,也是宁夏一张靓丽的"紫色名片"。

进入新时代,我国社会的主要矛盾已转变为人民日益增长的美好生活需要和不平衡不充分的发展之间的矛盾。完成脱贫攻坚任务和全面建成小康社会,城乡居民消费结构面临新一轮升级,这将给葡萄酒产业的发展带来广阔的市场前景。2016年7月,习近平总书记视察宁夏时指出:"中国葡萄酒市场潜力巨大。贺兰山东麓酿酒葡萄品质优良,宁夏葡萄酒很有市场潜力,综合开发酿酒葡萄产业,路子是对的,要坚持走下去。"2020年6月,习近平总书记再次视察宁夏时指出:"随着人民生活水平不断提高,葡萄酒产业大有前景。……宁夏要把发展葡萄酒产业同加强黄河滩区治理、加强生态恢复结合起来,提高技术水平、增加文化内涵、加强宣传推介、打造自己的知名品牌,提高附加值和综合效益。"宁夏葡萄酒产业是我国葡萄酒产业发展的一个缩影,了解了宁夏的葡萄酒产业也就了解了中国的葡萄酒产业。假以时日,经过10年、20年,中国葡萄酒当惊世界殊。习近平总书记的殷切嘱托,为宁夏加快葡萄酒产业转型升级和高质量发展指明了方向。自治区党委和政府高度重视葡萄酒产业高质量发展,提出要坚决贯彻落实习近平总书记视察宁夏时的重要讲话精神,坚持以黄河流域生态保护和高质量发展先行区建设统领美丽新宁夏建设、引领全区现代化建设,充分发挥产区优势、市场优势、生态优势,着力提升发展质量和效益,让宁夏贺兰山东麓的葡萄酒飘香全国、走向世界。

二、宁夏葡萄酒产业发展的现实意义

（一）推进"一带一路"建设和实施对外开放的客观需要

葡萄酒经由丝绸之路传入中国，一直是中西方经贸和文化交流的重要载体。宁夏是丝绸之路的重要节点和内陆开放型经济试验区，这些年来主动融入"一带一路"建设，特别是自发展葡萄酒产业以来，把葡萄酒产业作为参与"一带一路"建设的重要内容，加大了同法国、意大利、比利时、格鲁吉亚等欧亚国家的合作交流力度，使葡萄酒成为中国对外开放与东西方交流的媒介。在今后推进高质量发展进程中，将继续深化同世界葡萄酒主产国家的合作与交流，力争再经过10—20 年的努力，使宁夏贺兰山东麓跻身世界一流葡萄酒产区行列，把宁夏葡萄酒产业打造成为对外开放合作发展的平台、服务"一带一路"建设的载体。

（二）构建中国葡萄酒产业体系，打破欧美垄断葡萄酒市场的时代需要

在西方文明的历史进程中，葡萄酒长期扮演着非常复杂的角色，与宗教、社会、战争和政治有着千丝万缕的联系。目前，葡萄酒产业已遍布全球，葡萄酒的消费也不再局限于欧美国家，葡萄酒产业在世界各地得到快速发展。1892 年，山东烟台的张裕公司首次引进酿酒葡萄品种，中国开启了真正意义上的葡萄酒酿造工业。进入 21 世纪以来，对中国人来说，葡萄酒不再是舶来品，不再是中产阶级乃至高端人士的奢侈品，已经成为大众生活的日常消费品。目前，我国已拥有山东、河北、辽宁、新疆、甘肃、宁夏、山西、北京、吉林等多个葡萄酒产区，几乎覆盖了国内适合种植酿酒葡萄的所有区域，其中宁夏贺兰山东麓是中国酿酒葡萄种植集中连片、酒庄数量最多、酒庄集群化发

展最快的"酒庄酒"产区,其独特的风土资源,优良的酒庄酒品质,已被国际葡萄酒业界公认为"世界葡萄酒明星产区"。对标全球知名产区的发展历程,宁夏贺兰山东麓产区已具备生产世界优质葡萄酒,代表中国发展自己的高质量葡萄酒产业的基础条件。通过学习借鉴西方国家葡萄酒产业发展的历程与经验,取其精华,博采众长,按照高质量发展的思路,不懈努力,持之以恒,一定能将宁夏贺兰山东麓产区打造成世界一流产区,建立起具有中国特色的葡萄酒产业体系,主要是生产体系和经营体系,打破西方国家在葡萄酒行业长期主宰垄断的局面。

(三)现代农业发展和产业结构调整的客观需要

酿酒葡萄种植是专业化、标准化、集约化和资源节约型、环境友好型、知识密集型的现代农业,将带动宁夏现代农业的快速发展。当前,随着全面建成小康社会目标的实现,农业不再只是提供食物和轻工原料的产业,而是进入拓展多种功能、丰富供给结构和提高供给质量的新阶段。葡萄酒产业既能提供高端饮品、美容品、保健品等物质产品,满足人们的物质生活需求;又能提供观赏、休闲、体验等非物质产品,满足人们的精神生活需求。

(四)新时代实施西部大开发战略,建设黄河流域生态保护和高质量发展先行区的迫切需要

西部大开发已经进入第三个十年,葡萄酒产业高质量发展是承接东部产业转移,推进东西部融合和城乡一体化发展的抓手,是因地制宜培育新兴产业和产业集群、构建富有竞争力的现代化产业体系的重要路径。葡萄酒产业既是生态产业,又是农工商文旅康融合发展的高附加值复合型产业。面对新时代、新形势、新机遇,宁夏贺兰山东麓葡萄酒产业完全可以大有作为,作为创建国家级黄河流域生态保护和高质量发展先行区的特色优势产业,率先形成千亿元级产

业集群,将有力推动宁夏西部大开发形成新格局。

（五）推进城乡融合、产城（镇）融合和乡村振兴的迫切需要

葡萄酒产业是知识和劳动"双密集型"产业,在 50 万亩葡萄种植规模、农工商文旅康融合度低的情况下,每年可吸纳农村劳动力就近就业 12 万人。当葡萄种植面积达到 100 万亩或更多,在农工商文旅康深度融合的情况下,吸纳的农村劳动力将超过 25 万人。通过葡萄酒小镇等的建设,将葡萄种植园、花海地景、酒庄酒堡、乡村民宿、音乐酒吧、艺术工坊、文创景观、农事体验、乡村美食、康养保健、田园健身、乡村电商、商务休闲、葡萄酒教育等诸多元素和功能融为一体,可吸引大量国内外游客休闲观光、度假旅游,为银川等相关市县及周边乡村带来巨大的人流、物流、信息流、资金流,带动当地服务业发展和农产品销售,促进乡村就地城镇化和乡村振兴。

（六）提升宁夏区位形象和银川都市圈城市品位,塑造城市灵魂的迫切需要

葡萄酒的魅力不只在于酒本身带给人的感官体验,更在于其深厚而悠久的历史文化与风土文化。因此,不能单纯把葡萄酒产业作为一个农业产业项目或工业产业项目看待,它的价值不仅在产业本身,还具有产业链长、产业牵引功能强、综合复合价值高等特点。葡萄酒产业从第一、二、三产业聚集到跨界融合文化、旅游、体育、健康、电商等产业,构成了一个经济融合全产业链的大产业,既是宁夏未来可持续发展的支柱产业,也是宁夏的一个品牌,更是宁夏对外展示与文化交流的重要通道和平台。从全国各省的旅游区位及特征来看,宁夏地处中国西北内陆,虽有"生态盆景"之称,但区域面积小、交通欠发达、主题不突出、旅游景点单一,旅游竞争力不强。因此,需要发展宁夏贺兰山东麓葡萄酒产业,推进葡萄酒产业链延伸和跨界融合,发展酒庄观光旅游、休闲度假、婚礼婚庆、文化体验、酿酒品鉴、康养健身、书院研学等服务项目，充分利用宁夏葡萄酒庄旅游的特色优势，打造葡萄酒旅游目的地，大幅度提升宁夏区位形象和银川都市圈城市品位，赋予宁夏现代田园都市和田园乡村鲜活的灵魂，形成独具特色，底蕴深厚，富有情调、格调、色调的区位和城市新形象，塑造城市灵魂，吸引更多游客来宁畅享美好生活。

（七）产业、旅游、文化融合推动共同富裕，提升居民获得感和幸福感的客观需要

共同富裕是社会主义的本质要求，是中国式现代化的重要特征，是人民群众的共同期盼。十九届六中全会审议通过的《中共中央关于党的百年奋斗重大成就和历史经验的决议》指出，中国特色社会主义新时代是"逐步实现全体人民共同富裕的时代"，要求"坚定不移走全体人民共同富裕道路"。当前，我国迈入了扎实推动共同富裕的历史阶段。习近平总书记站在为人民谋幸福、不断夯实党长期执政基础、全面建成社会主义现代化强国的战略高度发表了一系列重要论述，深刻阐述了促进共同富裕的重大意义、丰富内涵和实践要求，为新发展阶段促进全体人民共同富裕指明了方向。为满足人民日益增长的美好生活需要，文化和旅游在促进共同富裕过程中具有独特优势。宁夏贺兰山东麓产区坚持引领全自治区现代化建设，充分发挥产区优势、市场优势、生态优势，着力提升发展质量和效益，让宁夏贺兰山东麓的葡萄酒飘香全国、走向世界。要以改革创新为根本动力，向"物质富裕、精神富足"双向发力，以产促富、以旅促富、产旅融合，创造性、系统性推进高质量发展，切实提升人民的获得感和幸福感。推动葡萄酒产业高质量发展是农业、旅游、文化融合推动共同富裕的有效途径，为全国提供可复制、可推广的"宁夏经验"。

第二节　宁夏葡萄酒产业发展现状与问题

一、宁夏葡萄酒产业发展现状

(一)规模化区域化发展水平不断提高

1. 生产规模及布局持续扩大、推进

宁夏贺兰山东麓葡萄酒产业主要分布在银川、吴忠、中卫、石嘴山 4 个地级市和农垦集团,涉及 12 个县(市、区)和 5 个农垦农场。其中,永宁县 11.33 万亩(集中在闽宁镇及贺兰山沿山地带)、贺兰县 2.15 万亩(集中在金山试验区)、西夏区 4.48 万亩(集中在镇北堡镇及周边)、金凤区 0.52 万亩(集中在植物园片区、满城北街)、青铜峡市 12.91 万亩(集中在甘城子、鸽子山地区)、红寺堡区 10.94 万亩(集中在肖家窑、柳泉)、同心县 2.59 万亩(集中在韦州镇)、中卫市 0.2 万亩(集中在沙坡头区)、石嘴山市 0.74 万亩(集中在惠农区、大武口区)及农垦 6.51 万亩(集中在黄羊滩、玉泉营、莲湖、暖泉、渠口等农场),酿酒葡萄产业在区域协调发展和城乡统筹发展中发挥着越来越重要的作用。

2. 基础设施建设不断完善

近 10 年来,产区统筹优化区域布局,不断完善基础设施建设,推进产区集聚化、规模化发展。先后建设了 47 万亩(其中改造 17 万亩,新建 30 万亩)高效节水基地、601 公里配套道路、95 座 1142 万立方米蓄水池、7.1 万亩防护林。先后实施 110 国道综合整治、110 国道绿化改造提升、镇北堡美丽小城镇建设、贺兰山东麓环境整治、旅游基础设施建设、贺兰山东麓防护林体系建设、葡萄旅游小镇和全产业链国际示范酒庄建设,贺兰山东麓产区环境整治等项目,支持贺兰山东麓葡萄文化长廊建设,有效地改善了贺兰山东麓环境质量,提高了葡萄酒文化旅游基础设施保障能力,促进了旅游及相关服务业的健康发展。

(二)产业带动综合性效益初步显现

1.经济效益明显增强

第一,葡萄种植业产值。全区酿酒葡萄产量约 14.2 万吨,葡萄销售价格最高 20 元/公斤,最低 4 元/公斤,平均按照 6 元/公斤计算,种植业生产总值为 8.52 亿元。由于产区内尚有近 20 万亩的低产低效园效益不高,种植业的效能没有完全发挥出来,还有巨大的潜能和空间。

第二,葡萄酒加工业产值。2021 年,产区共生产葡萄酒约 1.3 亿瓶。以每瓶葡萄酒平均成本价约 38.5 元、利润 20% 计算,每瓶葡萄酒加工产值 48 元,加工业总产值约为 62.4 亿元。

第三,葡萄酒综合产值。葡萄酒综合产值包括葡萄园产值、葡萄酒加工产值、葡萄酒营销产值和由此带动的葡萄酒旅游、餐饮、住宿、房地产、物流、制造业、服务等产业产值。参照澳大利亚葡萄酒局及协会委托的独立经济调查(2016—2019 年)分析结果,葡萄酒产业的直接产值中每 100 万澳元将再带来 201 万澳元的外围产值。参照此方法,宁夏贺兰山东麓产区直接产值为 100.9 亿元,综合产值为 300 亿元。

第四,葡萄及葡萄酒亩均效益。按照酒庄(企业)平均葡萄亩产 350 公斤(313 瓶酒),每公斤葡萄按 8 元计算,酒企每亩葡萄效益 2800 元,扣除成本 2150 元,酒企葡萄种植每亩效益 650 元;农户或农垦职工平均亩产 600 公斤,每公斤葡萄售价约 4 元,生产成本约 910 元(除去人工成本 840 元和土地成本 400 元),葡萄种植每亩效益

1490 元。葡萄酒加工成本为 38.5 元/瓶,销售价格每瓶按 150 元计算,酒庄亩均产值为 46950 元,刨除成本 12050 元,亩均净效益约为 34900 元。

2.社会效益日益凸显

葡萄酒产业是多产业融合、多业态叠加的综合性产业,除了传统的种植、酿造、销售,还带动了苗木、农药、肥料、机械、衍生品等生产资料及工业产品的生产销售,带动了文化旅游、运输、餐饮住宿、咨询培训等服务业的发展,产业链向宽向长延伸。同时解决了农村剩余劳动力就业,在促进经济发展、社会就业、农民增收、产品出口等方面发挥了巨大作用。葡萄酒产业每年为产区生态移民及产区周边农户提供季节性用工岗位及固定用工岗位 13 万个,固定用工收入一般 2 万—3 万元/年,季节性用工每个劳动力收入在 0.6 万—1 万元/年,葡萄酒产业每年为周边农户提供就业岗位 13 万个,年支付工资性收入约 10 亿元,当地农民收入中的 1/3 来自葡萄酒产业。葡萄酒产业有力地带动了农民增收致富;葡萄园每亩每年用水在 280 方左右,节水利用效益明显。酒庄年接待游客超过 120 万人次,酒庄旅游成为宁夏全域旅游不可或缺的元素。

3.生态效益逐年提升

酿酒葡萄种植将 35 万亩山荒地变成绿色长廊,酒庄绿化及防护林建设大幅度提高了产区植被覆盖率,葡萄园“浅沟种植”成为贺兰山东麓最有效的洪水拦蓄工程,美丽的葡萄园和风格迥异的酒庄成为贺兰山东麓靓丽的风景线和生态屏障。葡萄园生态系统在产出葡萄的同时,还起到重要的碳封存和碳汇作用。此外,经调查测算,葡萄产业的水资源利用效率远高于粮食和蔬菜作物,葡萄单方水效益 60—100 元(粮食 4—9 元/方、蔬菜 5—30 元/方),在贺兰山东麓干旱缺水地区发展葡萄酒产业具有生态和经济双重效益。

(三)市场营销能力稳中带增

1.销售渠道稳定顺畅

宁夏贺兰山东麓产区紧紧抓住国际市场需求萎缩、国内市场需求扩大的有利时机,主动融入以国内大循环为主体、国内国际双循环相互促进的新发展格局,葡萄酒整体销售势头强劲,稳中有增。2021年全区葡萄酒销售同比增长15%。通过多年的发展,宁夏葡萄酒销售渠道呈现多元化,客群也基本稳定。一是分销渠道基本建立(见图3.1、图3.2)。长城天赋、张裕摩塞尔、农垦西夏王等规模性企业已形成完备的销售网络体系。张裕龙谕、长城天赋、西夏王开元、贺兰红、西鸽国彩系列等一批大单品进入市场后,一批优质葡萄酒荣登国宴酒单。二是精品高端销售渠道成形。银色高地、留世、迦南美地、贺兰晴雪、美贺庄园等一些精品酒庄依托桃乐丝、1919、美夏、由西向东等国际销售平台,完善了国内外销售体系。三是其他销售方式势头良好。其他中小酒庄多采用会员制、客户群、专营店、酒庄游等形式在区内外直接销售,并在京东、天猫等电商平台实现了宁夏贺兰山东麓产区专卖店网上销售。各市、县(区)葡萄酒行业主管部门积极引导企业到全国重点城市举办专场推介会,大力宣传推广宁夏葡萄酒,从而构建起线上线下同步发力的销售体系。

2.产品定级初见成效

宁夏葡萄酒定价时大多采用成本导向定价法、竞争导向定价法和市场需求定价法。酒庄的生产成本、葡萄酒大赛获奖情况、竞品平行比较等要素是影响产品定价的主要因素。价格定位上,宁夏葡萄酒大致分高中低三个档次,其中,大众级产品(128元/瓶以下)销量占比42%,中端级产品(128—300元/瓶)销量占比39%,高端级产品(400元/瓶以上)销量占比19%。相比2020年新冠疫情暴发前,大众级产品占比有所上涨,初步形成了大众级产品市场扩张、高端产品质量引领、中端产品品牌溢价的产品格局。

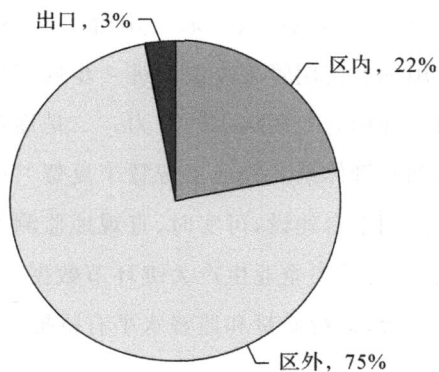

图 3.1 宁夏葡萄酒销售区域分布

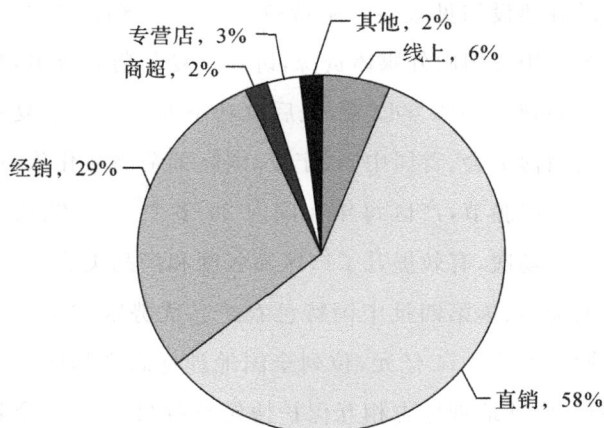

图 3.2 宁夏葡萄酒主要销售渠道分布

产品特性上,大众级产品以果香优雅、简单易饮见长,性价比高,对市场变化响应快。而中高端级则为陈酿型葡萄酒,果香浓郁、酒体厚重,糖酸平衡,单宁感强,多为获国际大奖产品。

3. 产区监管基础良好

近年来,产区内企业的品质维护、品牌维权意识日益增加,目前已基本形成了从生产到市场流通全链条框架管理体系。一是开展了种苗检测和葡萄酒产品质量巡查工作。连续七年联合相关执法部门对全区酿酒葡萄苗木开展病毒检测专项整治活动,从源头杜绝带毒苗木的流入。与自治区知识产权局联合出台了《宁夏贺兰山东麓葡萄酒地理标志专用标志使用管理办法》,进一步规范贺兰山东麓葡萄酒企业申请使用地理标志专用标志的行为。二是逐步完善了全区葡萄酒质量安全追溯监管体系。完成了智慧宁夏贺兰山东麓葡萄生态文明试验区质量追溯平台建设,可实时、直观地监测酒庄葡萄种植和葡萄酒生产情况,实时采集企业生产关键环节数据。全区已有58家酒庄纳入该追溯平台,运行质量和监督水平有待提高。

(四)品牌影响力逐渐提升

一是品牌建设初见效益。坚持政府主打产区品牌、企业主打产品品牌。统筹用好国内外媒体资源,讲好宁夏葡萄酒故事,唱响贺兰山东麓产区品牌。2012年以来,先后成功举办了九届宁夏贺兰山东麓国际葡萄酒博览会、首届中国(宁夏)国际葡萄酒文化旅游博览会、七届葡萄春耕展藤节,产区每年在国内20多个一、二线城市举办推介活动超600场次,有效提升了产区知名度和产品美誉度。"贺兰山东麓酿酒葡萄"入选第四批中国特色农产品优势区,"贺兰山东麓葡萄酒"品牌价值271.44亿元,位列全国地理标志产品区域品牌榜第九位,并列入中欧地理标志相互保护协定首批目录。20余款酒被选为联合国代表餐厅用酒,一批优质葡萄酒荣登国宴酒单,产区葡萄酒远销40多个国家和地区。

二是国际交流合作日益广泛。10年来,宁夏与国际葡萄酒相关组织和主要葡萄酒国家,在品种、技术、教育、人才、文化等方面广泛开展交流合作。产区先后从国外引进60多个酿酒葡萄品种(品系),引英国、法国、美国、澳大利亚等23个国家的60名国际酿酒师来宁服务,有效提升了酿酒葡萄栽培管理和葡萄酒酿造工艺水平。聘请了美国、英国等25国冠军侍酒师作为"贺兰山东麓葡萄酒推广大使",推动宁夏葡萄酒进一步提升国际影响力。蓬勃发展的宁夏贺兰山东麓产区成为国际葡萄酒界关注的热点地区,吸引了保乐力加、轩尼诗、桃乐丝等国际知名企业来宁建酒庄、做基地、搞经营。2013年,贺兰山东麓产区被牛津大学编入《世界葡萄酒地图》,成为世界葡萄酒产区新板块;2015年,宁夏贺兰山东麓产区被世界葡萄酒大师丽兹·塔驰编入《全球葡萄酒旅游最佳应用》一书中。产区40款葡萄酒在法国波尔多葡萄酒城常年展示,宁夏贺兰山东麓产区成为中国唯一在波尔多葡萄酒城亮相展示的产区。先后有60多家酒庄的葡萄酒在品醇客、布鲁塞尔、巴黎等国际葡萄酒大赛中获得上千个大奖,占全国获奖总数的60%以上。2012年,宁夏贺兰山东麓产区成为国际葡萄与葡萄酒组织(OIV)省级政府观察员,OIV支持宁夏贺兰山东麓产区广泛同世界葡萄酒产区开展品种、技术、装备等方面的交流合作。OIV历任主席和总干事先后5次出席宁夏贺兰山东麓国际葡萄酒博览会,对宁夏葡萄酒产业发展成绩给予高度评价,给予贺兰山东麓产区极大的关注和支持。葡萄酒这一国际语言,让国内外更多的消费者了解和关注贺兰山东麓产区,引领中国葡萄酒更好地融入世界。

(五)科技支撑能力显著增强

一是产区标准不断优化完善。坚持用标准引领产区发展,自治区成立了宁夏葡萄与葡萄酒产业标准化技术委员会,发布了《贺兰山东麓葡萄酒技术标准体系》(DB64/T 1553—2018),制定了30多项技术标准。二是关键技术研发初见成效。2016年以来,累计投入科研资金8000余万元,实施优新品种选育、栽培关键技术研究、酿造工艺关键技术研发、产区风土条件与葡萄酒特异性研究、葡萄酒质量监测指标体系及技术平台构建等一批科技研发项目,集成推广了浅清沟、斜上架、深施肥、统防统治及高效节水灌溉等一批关键技术。实施关键技术揭榜挂帅"葡萄酒陈酿期间橡木桶替代材料装备研制"项目,投入科研资金1000万元,通过研发替代橡木桶陈酿的材料和装备以及与之配套的陈酿工艺,降低产业生产成本。2019 年度国家重点研发计划——主要经济作物优质高产与产业提质增效科技创新重点专项"宁夏贺兰山东麓葡萄酒产业关键技术研究与示范"获科技部立项支持,项目总经费 2760 万元,其中中央财政经费 2645 万元,为实施"百千亿"行动提供了科技支撑,推进全区葡萄酒产业高质量发展。三是平台搭建要素聚集。宁夏国家葡萄与葡萄酒产业开放发展综合试验区成功设立,创建了以葡萄酒产业为主导的自治区级农业高新技术产业示范区,组建了 6 个自治区创新平台、2 个自治区农业科技示范展示区和 30 家试验示范酒庄。葡萄酒教育方面,建设了自治区葡萄酒产业人才高地,组建了宁夏国家葡萄及葡萄酒产业开放发展综合试验区专家委员会,建立了葡萄酒学历教育、职业技能教育和社会化教育三级培训体系。

(六)人才培养取得良好成效

一是本地人才队伍建设持续推进。目前,全产区从事酿酒葡萄产业生产(葡萄种植、葡萄酒酿造)、营销、研发、管理等各类专业技术人员共 2200 余名。其中,按职称统计,具有正高级技术职称 71 人、副高级技术职称 82 人、中级技术职称 205 人、初级技术职称 296 人、其他 1566 人;按学历统计,博士研究生 39 人(其中 19 人为海归博士)、硕士研究生 161 人(其中 33 人为海归硕士)、本科学历 594 人(其中 9 人为海归)、专科学历 762 人、高中及以下 664 人;按岗位统计,种植 495 人、酿造 558 人、营销 371 人、管理岗位 680 人、研发岗位 116 人。初步形成了一支技术能力比较强、实践经验丰富、专业结构相对合理的人才队伍,为产业发展提供了有力支撑和智力保障。二是国际性人才引进不断加强。产区先后举办了 2 届世界酿酒师挑战赛,引进了 23 个国家的 60 名国际酿酒师,有效提升了宁夏葡萄酒酿造工艺和水平。同时聚集了 100 余名国内外葡萄酒产业顶级专家为产区发展提供智力支持。

（七）政策引导力度持续增强

近年来，自治区政府及相关部门出台政策，在基础设施建设、人才引进培育、品牌宣传、技术提升、市场拓展、产区监管、项目建设、金融支持、招商引资等方面共同发力、稳步推进。编制了《宁夏贺兰山东麓葡萄酒产业高质量发展"十四五"规划和2035年远景目标》，先后出台了《宁夏回族自治区贺兰山东麓葡萄酒产区保护条例》《关于创新财政支农方式加快葡萄产业发展的扶持政策暨实施办法》等政策性文件，为产业发展提供了政策支撑。自治区及相关市、县（区）配套建设了产区水、电、路、林等基础设施，基本形成了"旱能灌、机能帮，园成方、林成网，路相连、网覆盖"的设施体系。

（八）产业融合发展积极有效

葡萄酒产业是多产业融合、多业态叠加的综合性产业，产业链条的延伸是产业发展最大的增长极。一是酒旅融合之势日趋形成。已建成的酒庄1/3以上具备旅游接待功能，年接待游客超过120万人次，宁夏贺兰山东麓产区荣膺"世界十大最具潜力葡萄酒旅游产区""全球葡萄酒旅游目的地"称号，酒庄旅游成为宁夏全域旅游不可或缺的元素。二是葡萄酒教育开局良好。通过在闽宁镇成立的"贺兰山东麓葡萄酒教育学院"，针对葡萄酒爱好者、从业者、葡萄酒专家三个层次，编写了《宁夏贺兰山东麓产区葡萄酒教程》《中国葡萄酒侍酒与服务》《贺兰山东麓葡萄酒银川产区教程》等系列教材，通过系列葡萄酒推介、教育培训、展藤节、贺兰山东麓国际葡萄酒博览会及一批城市展示展销中心布局建设，拓展了葡萄酒＋教育、葡萄酒＋金融、葡萄酒＋艺术、葡萄酒＋健康等新业态、新模式，提升了综合效益。三是增链补链延链开始发挥作用。目前，产区从事葡萄酒产业配套生产的企业有11家，包括种苗生产3家、酒标设计制作1家、纸箱包装2家、葡萄籽加工3家、葡萄发酵罐及配件设备加工1家、橡木塞次加工 1 家。酒瓶、酒标、酒塞、缩帽、酿造设备、橡木桶、橡木塞、设备维护等产业链条相关供应商、供应企业在银川均有办事处或供应代理商，服务体系基本健全。

二、宁夏葡萄酒产业发展问题

（一）政策体系还不健全

国产葡萄酒产业尚未上升到国家顶层设计的主要关注面而得到应有的扶持。从全国葡萄酒产业看，目前，我国缺乏振兴国产葡萄酒的顶层设计和规划，国内主要葡萄酒产区基本都是本土推动、各自为政。在葡萄酒的行业定位、财税支持、金融扶持、产业促进等方方面面，国产葡萄酒严重缺乏系统的国家管理机制和支持政策。反观世界葡萄酒著名生产国——法国，法国国家政府大力扶持葡萄酒产业，并通过制定相关政策，强有力推动了法国葡萄酒集群内的葡萄种植户、葡萄酒专业合作社、葡萄酒研发机构等各主体良好发展。从宁夏贺兰山东麓产区看，以宁夏贺兰山东麓为代表的国产葡萄酒产业政策体系缺链、断链，尚未形成闭环。虽然宁夏葡萄酒产业中的葡萄酒品质分级体系、质量监管体系、原产地域保护制度、科技人才体系、交通路网体系、产业服务保障体系、文旅融合体系等都有了一定基础，但未形成一揽子可持续、可操作的支持政策。在产业投资、贷款贴息、基础设施建设等方面，均缺少相应的市场化机制、实施主体和优惠政策。

（二）成本过高

种植葡萄成本过高已经严重制约了产区走高性价比、大众化的发展之路，这也是影响来宁投资经营者信心的核心问题。一是生产成本过高。通过调研发现，相对于世界著名葡萄酒产区，宁夏每公斤酿酒葡萄的种植成本（主要受制于葡萄亩产量过低、机械化程度不高）是国际酿酒葡萄平均成本的 4—6 倍，橡木桶及其制品使用成本是欧洲的 1.5 倍，包装及罐装材料成本是智利等新世界葡萄酒国家的 2 倍。葡萄酒的生产过程有近 20 个关键环节，多个环节成本的叠加造成总成本高居不下，不利于葡萄产业整体效益的发挥和产区葡萄酒市场竞争力的提升。目前在宁夏从事葡萄种植和葡萄酒酿造所使用的水、电费用过高。全区葡萄园每亩的年灌水量大约为 300 立方米，一般来说，黄河水价格在 0.4 元/立方米左右，合理的每亩用水成本应该在 150 元左右。但现实情况是大部分葡萄园的水价都在 1.5 元/立方米以上甚至达到 2 元/立方米，每亩用水成本在 500 元以上，主要是因为黄河水在三级泵站提升后，电价分摊、人工工资造成最终水价过高。且水价为各县（区）管辖，定价人为因素干扰较多，随意性较大。与山东、新疆、河北等产区相比，仅葡萄园灌溉这一项的成本就高出 30% 以上。二是土地费用过高。全区参与酿酒葡萄种植的土地大多数属于流转土地，目前全区的土地流转价格没有统一的定价标准，没有统一的管理机制，更没有官方指导，土地承包方随意定价的情况很常见。酒庄及葡萄种植企业所付的土地流转费在不断增长，更有个别土地承包方承租到土地后既不开发也不出让，坐地起价，直接导致了已有土地开发不畅和来宁投资受阻。三是税负太高。世界各主要葡萄酒生产国均把葡萄酒作为农产品，给予多种农业补贴及优惠税收政策，而我国将葡萄酒作为工业产品对待，对葡萄酒企业收取增值税、消费税和企业所得税。这使得国产葡萄酒与进口葡萄酒始终处于不公平竞争状态。葡萄酒税率问题已经影响到葡萄及葡萄酒产业供给侧结构性改革、三产融合发展、实现绿色发展等多个方面。

（三）品牌宣传还不到位

一是宣传覆盖面还有盲区。产区宣传创新还不够，在研究新的宣传产品、宣传载体、宣传方式、宣传手段等方面力度不够。在重点消费城市宣传不到位，大部分消费者不了解宁夏葡萄酒。在产区内，"葡萄酒之都"的元素体现不充分，高速公路、高铁、机场、主要干线、旅游景点极度缺少葡萄酒元素的宣传展示。二是缺少有影响力的平台。整合利用中央媒体、新媒体宣传平台的力度不大、办法不多，在根据不同平台开展精准宣传方面还有欠缺。目前建立的宣传平台影响力还不够，平台拥有的粉丝量不多、关注度不高，形不成强有力的宣传矩阵。外宣平台目前还是空缺，无法在国际上进行产区整体推介和发声，无法取得舆论话语权。三是宣传资源挖掘不够。葡萄酒宣传资源更多的是涉及第一、二产业，对于三产融合的有深度的故事挖掘不够，宣传内容缺乏文化、情感和温度。四是企业宣传投入不足。产区大部分酒庄缺乏品牌宣传队伍和成熟的宣传手段，没有下功夫借助知名品牌宣传团队打造自己的品牌。个别酒庄宣传投入不足生产投入的 1%。

（四）可用土地资源有限

依据自治区"三调"数据和国土空间规划，可用于种植酿酒葡萄的土地资源有限且尚得不到高效利用。各有关市、县（区）规划种植酿酒葡萄地类中，种植园用地仅有 7000 多亩，基地大部分为耕地、林地、草地，其中耕地 10.95 万亩、林地 8.34 万亩、草地 61.56 万亩。如果在土地利用政策上不突破、不调整，"十四五"期间，难以完成扩增 100 万亩的酿酒葡萄种植基地任务。

（五）市场营销策略不够灵活

一是营销渠道还不够畅通。宁夏贺兰山东麓产区品牌知名度的提高，吸引了很大一部分消费者购买产区酒庄的产品，但购买途径较少，缺少专业化的营销队伍、营销平台和现代化营销手段，线下线上等营销渠道拓展不够。同时，部分企业存在重生产、轻销售的问题，销售投入不足国外企业的 1/5,企业普遍存在积压现象。据统计,截至 2021 年底,除去合理的陈酿压窖容量,产区累计葡萄酒库存量达 10 万吨,产区整体库存积压率达 30%,且销售呈现两极分化现象。西鸽酒庄 2021 年销售额超过 2 亿元,红寺堡库存量则达到 2 万吨。二是营销模式缺乏创新。宁夏本土缺少面向大众消费的体验中心和主题丰富的葡萄酒品鉴场所,少数企业如张裕摩塞尔十五世酒庄、城市酒窖等虽已开展了葡萄酒体验式营销,但仍是单兵作战,未能形成规模;区内外各类葡萄酒策展活动,受众过于单一,以经销商、从业者为主,大众消费者参与度低;产区葡萄酒旅游资源虽然丰富,但目前还未形成"葡萄酒+吃喝玩游购娱"链条式闭环,葡萄酒旅游产品体验、娱乐内容较少,吸引力弱,复购率太低。

(六)科研人才、技术仍显不足

一是产业基础性研究不深入。缺少耐寒耐旱的优质酿酒葡萄品种,酿酒葡萄种植成本高、农艺农机融合水平低,缺乏拥有自主知识产权的本土酿酒微生物制剂,产业废弃物利用率较低,产区风土区划研究滞后,尚未形成具有产区明显特征的品种、酒种。二是产学研用协同创新、联合攻关能力不强。科研院所与酒庄企业在科技攻关和成果转化上融合不够紧密,以企业需求为导向的项目形成机制还未完全建立,一些科技成果还停留在论文、专利阶段,没有转化为现实的产业生产力。三是产业创新平台和人才支撑不足。酿酒葡萄种苗病毒检测、品种鉴定、病虫害监测预警、葡萄酒质量检验检测等平台还不完善,产区智慧化管理水平不高。缺少能够站在科技发展前沿、引领产业技术创新、具有卓越组织才能的杰出科技人才,缺乏科技型领军人才,缺乏高端外国专家,缺乏一批大师级的种植师、酿酒师、侍酒师、营销师。

(七)产区基础设施不完善

受投资、政策、权证办理、企业发展及市场营销等因素的影响,产业核心区还没有形成整体连片的酿酒葡萄种植格局,仅形成几个相对集中的聚集区。土地"碎片化"导致水、电、路、林、气、环保、文旅等基础设施难以配套到位,造成资源浪费,限制了土地高效利用。一是水资源方面。尚未建立葡萄酒产业用水指标分配保障机制,水指标配额不足、供需不匹配,缺乏相关落实措施。沿贺兰山东麓区域地下井逐步关停,部分区域配套黄河供水工程规划建设缓慢。酿酒葡萄种植地田间节水滴灌配套建设资金投入不足。二是主干道路及酒庄道路连接线规划建设方面。受地方财政乏力与国家相关支持政策调整影响,道路建设资金严重不足,酒庄连接线、产区主干道路、专项观光旅游线路、标识标牌建设缓慢。三是基础通信方面。产区虽均在通信基站覆盖范围内,但由于基站少、通信信号弱,沿山酒庄较为分散,没有铺设宽带线路,无法满足酒庄日常办公网络需求,对酒庄下一步开展数字化建设造成影响。四是天然气方面。截至目前,产区大部分区域及多数酒庄均未布设天然气管线,严重影响酒庄生产、生活及产区在酒文旅方面进一步发展提升。

(八)融资渠道太窄

葡萄酒产业投资大,回报周期长,根据国际一些成熟产区的经验,一个酒庄的投资回报期为10—15年。酒庄在发展过程中融资需求大,但是目前酒庄的融资渠道仅限于担保贷款、引导基金等。产区中小酒庄规模较小,自有资金不足,受抵质押物缺少等因素影响,大大增加了中小酒庄的融资难度。同时,商业银行贷款抵押手续繁杂,且大多是短期贷款,致使很多中小酒庄贷不到款或不愿贷款。针对酒庄融资的相关法规、政策尚不完善,缺乏与之相配套的金融、信用担保、风险基金等方面的规定,不能从根本上解决中小酒庄融资难的问题。

第三节　宁夏葡萄酒产业发展机遇

第一，习近平总书记视察并做出的重要指示，将对宁夏乃至中国葡萄酒产业高质量发展产生深远影响。2020年6月，习近平总书记在宁夏视察时指出："宁夏葡萄酒的品质不亚于欧洲国家中高档葡萄酒的品质，甚至要更好。"习近平总书记先后两次来宁视察，都对宁夏乃至中国葡萄酒产业做出了重要指示，既指明了发展方向，又提出了殷切希望。对于引导中国葡萄酒健康消费，促进宁夏乃至中国葡萄酒产业转型升级和高质量发展，都将产生积极而深远的影响，带来了重大历史机遇。

第二，全面建成小康社会，消费结构加快升级，葡萄酒消费增长，将拉动宁夏葡萄酒产业"第二次飞跃"。近10年来，中国经济规模稳步增长、国际地位日益提升、社会环境逐步优化，在世界聚焦东方大国的大背景下，出现了多国葡萄酒围剿中国消费市场的景况。根据国家统计局及海关总署统计数据，2019年，中国葡萄酒消费量9.26亿升，人均消费量1.8升左右（世界人均葡萄酒消费量在7.5升左右），其中进口葡萄酒6.12亿升，占66.1%。葡萄酒进口商从2009年的117家发展到2019年的近7000家；葡萄酒进口量从2009年的1.712亿升，增长到2019年的6.12亿升，贸易额达到了24.34亿美元。进口葡萄酒"围剿"也是"双刃剑"，虽然抢占了中国葡萄酒销售的市场份额，但由于"洋酒"低价位倾销，也普及了葡萄酒文化，逐步改变了中国人的饮酒习惯，培育了葡萄酒消费市场。为适应城乡居民消费结构升级和对美好生活的需求，中国葡萄酒产业必须逆势发展，特别是作为"中国葡萄酒产业缩影"的宁夏葡萄酒产业将赢来"第二次飞跃"。

第三，共同富裕大政策下，以国内大循环为主体、国内国际双循环相互促进的新发展格局，将为宁夏乃至中国葡萄酒产业开辟广阔的市场前景。相较于世界其他国家,中国拥有更加广阔的市场,更加广大的容量,以及特定的社会环境,特别是国内三、四线城市已成为葡萄酒市场最大的消费增长点。虽然进口葡萄酒作为国际贸易平衡的需要仍将保持一定份额,在后疫情时代世界经济不景气的大背景下,未来中国葡萄酒产业还将迎来逆势发展。一是中国最早实现复工复产复市,经济发展和人民生活水平、生活方式并没有受到太大影响。二是完成全面脱贫和全面建成小康社会,消费结构加快升级,人们对美好生活的需求和健康生活方式的接纳度日益提高,葡萄酒将成为"新消费"引领者。三是新冠疫情在全球蔓延导致国际贸易环境逐步恶化,进口葡萄酒规模呈下降趋势,抢抓市场发展机遇,让国产优质葡萄酒尽快占领国内葡萄酒消费市场份额,将为宁夏乃至中国葡萄酒开辟广阔的市场前景。

第四,新消费群体崛起,人们的消费更趋理性,葡萄酒消费观念发生深刻变化,国产葡萄酒越来越受到青睐。在当今中国,4 亿多中产阶级及 80 后、90 后正在成为葡萄酒的主要消费群体,他们勇于尝试和接纳新鲜事物,其消费行为和消费习惯将引领未来葡萄酒产业的消费与发展。特别是中美贸易战和新冠疫情常态化防控后,人们的消费更趋理性,葡萄酒消费观念发生深刻变化,国产葡萄酒越来越受到青睐。消费数据显示,90 后和 95 后年轻消费群正逐渐成为线上酒水消费的主要驱动力,并呈现出多元化、个性化、求便捷、爱尝鲜的消费特征。只要把握时代特征和年轻人的偏好,开展产品研发和创意设计,走高端、中端、大众相结合的路线,实现产品、品牌优化升级,就能赢得未来市场。

第五,宁夏贺兰山东麓葡萄酒具有良好的品质和典型的东方风格,蕴含着良好的市场前景和发展商机。国产葡萄酒在中国市场上地利、人和的竞争优势日益凸显。贺兰山东麓得天独厚的自然禀赋和风土条件,赋予宁夏葡萄酒"甘润平衡"的品质和典型的东方风格,赢得业界高度评价和消费者的青睐,这是宁夏葡萄酒自身品质蕴含的市场前景。基于对这一品质的认识，宁夏坚持"酒庄基地一体化经营"的葡萄酒产业发展方略，率先在中国市场创新推出"酒庄引领下的品牌营销模式"。未来宁夏葡萄酒产业仍将坚持"品牌模式"和"酒庄酒模式"，用酒庄酒模式去塑造产区品牌，用产区品牌模式扩大市场，注入中国式的葡萄酒文化，酿好、销好适合广大消费者的葡萄酒，培育一批国内外知名的酒庄品牌和一批葡萄酒产品品牌。

第四章 宁夏贺兰山东麓产区产旅共富思路

第一节 宁夏贺兰山东麓产区优势

整体而言,宁夏贺兰山东麓产区已发展成为国内最佳、国际知名的产区。从国内来看,贺兰山东麓是全国最大的酿酒葡萄集中连片产区。贺兰山东麓的品牌价值接近300亿元,位居全国地理标志产品区域品牌榜第九位,成为宁夏耀眼的"新兴地标"和"紫色名片"(张红梅、梁昌勇、徐健,等,2014)。贺兰山东麓已成为国际葡萄酒界关注的热点地区,吸引了长城、张裕、保乐力加、轩尼诗等国内外知名企业来宁建酒庄、做基地、搞经营。2019年,宁夏贺兰山东麓产区当选中国最佳葡萄酒旅游产区。2020年,宁夏贺兰山东麓产区入选"世界十大最具潜力葡萄酒旅游产区"。目前,产区葡萄酒远销德国、美国、比利时、加拿大、法国、新加坡、丹麦、澳大利亚、西班牙等40多个国家和地区。贺兰山东麓农业产业高度集中,葡萄产业综合产值300亿元,占自治区GDP的6.2%。贺兰山东麓葡萄种植已有上千年历史,特别是改革开放以来,传统的葡萄种植业焕发出生机与活力,从鲜食葡萄向酿酒葡萄种植转型,带动当地产业结构战略性调整。20世纪 90 年代后期,在自治区党委和政府的领导下,葡萄酿酒业被确定为自治区农业六大区域性优势产业之一,在国民经济中具有不可替代的地位。

宁夏贺兰山东麓产区的优势主要表现在四个方面。

一、我国第一个真正意义上的酒庄酒产区

宁夏贺兰山东麓产区依山傍水,日照充足,热量丰富($\geqslant 10$℃,有效积温 3300℃左右),砂石土壤,透气性好,富含矿物质,昼夜温差大,年降水量少,黄河灌溉便利。这些独特的自然禀赋和风土条件,使产区的酿酒葡萄香气发育完全、色素形成良好、糖酸度协调,酿出的葡萄酒具有"甘润平衡"的典型东方风格。坚持酒庄基地一体化经营,产区 40 款葡萄酒在法国波尔多葡萄酒城展示 3 年,成为中国唯一在波尔多葡萄酒城亮相展示的产区;在国内外葡萄酒大赛上,宁夏贺兰山东麓产区的葡萄酒获奖总数占中国葡萄酒获奖总数的 60% 以上。先后有 60 多家酒庄的 1100 多款葡萄酒,在品醇客、布鲁塞尔、巴黎等国际葡萄酒大赛中获得顶级大奖(张红梅,梁昌勇、徐健,等,2016)。

(一)酿酒葡萄种植基地成规模、增势猛

宁夏贺兰山东麓产区酿酒葡萄种植规模增势迅猛,从 2004 年的 5 万亩增长至 2010 年的 32.4 万亩,年均增长 37%;到 2018 年底,种植面积已达 57 万亩,占全国酿酒葡萄种植面积的 25%,是全国酿酒葡萄集中连片最大的产区。产区酿酒葡萄平均亩产 350—400 公斤,产量总体呈现递增趋势,从 2010 年的 9 万吨增加到 2018 年的 12 万吨,主要集中在银川市、青铜峡和红寺堡。从生产条件来看,配套基础设施逐步完善。截至 2018 年 11 月,产区完成标准化基地建设 1.8

万亩,改造提升老葡萄园3.6万亩,延贺兰山东麓建成近100公里的旅游观光道,水、电、路、网等配套基础设施投资2.45亿元,葡萄基地投资4.2亿元。从种植品种来看,红葡萄品种占主导地位。现有36个品种,红葡萄种植面积占90％以上,其中赤霞珠占65％以上,此外还种植蛇龙珠、美乐、品丽珠、黑比诺、西拉、马尔贝克、马瑟兰、佳美、小味儿多等;白葡萄种植规模较小,主要包括霞多丽、贵人香、雷司令、长相思、威代尔、维奥尼尔等。

(二)以酒庄酒为代表的葡萄加工业全国领先

依托酿酒葡萄基地规模化生产,宁夏贺兰山东麓产区葡萄酒加工产业迅猛发展,2021年葡萄酒产量达到1.3亿瓶。宁夏贺兰山东麓产区依托优越的自然条件,成为国内外企业投资的热点。截至2021年,产区共有酒庄102家,其中列级酒庄47家。目前,产区中有2万亩以上葡萄园的贺兰神国际酒庄、玉鸽酒庄、金樽酒庄、御马酒业公司、西夏王酒业公司(5家酒庄共有葡萄园20万亩)联合运作,共同推出"贺兰红"葡萄酒大单品,其成为2019年联合国指定用酒。酒庄葡萄酒的国际影响力逐步提升,成为自治区葡萄酒精品品牌建设的主力军。

二、与国际标准接轨的产区

产区先后从国外引进60多个酿酒葡萄品种,其中近20个表现优异,广泛种植。引进了英国、法国、美国、澳大利亚等23个国家的60名国际酿酒师,促进产区酿酒葡萄栽培管理和葡萄酒酿造工艺水平与国际标准接轨。聘请了美国、英国等25个国家的冠军侍酒师作为所属国家的"贺兰山东麓葡萄酒推广大使",推动宁夏葡萄酒进一步提升国际影响力。

（一）与国际高新技术的合作稳步推进

为加快推进葡萄产业转型发展,产区围绕种苗繁育、葡萄酒加工、品牌建设与市场营销等方面,积极开展国际合作。一是积极引进国外先进品种和种植技术。2013—2014年,连续两年规模化从法国引进名优脱毒酿酒葡萄品种26个、苗木64.6万株、种条179.1万根,并据此初步建立了三级苗木繁育体系(母本园、采穗圃、育苗中心)。目前,已有21个品种、27个品系的酿酒葡萄适合产区种植,成为中国最大的世界优质葡萄品种资源集聚区。二是深化葡萄酒加工技术合作。引进格鲁吉亚葡萄酒蒸馏技术团队,利用夏朗德式蒸馏设备,对西夏王公司库存C类酒进行蒸馏加工,延长产业链;引进法国克洛维斯(Clovitis)酿造团队,提升西夏王公司、银广夏公司等企业葡萄酒酿造技术。三是注重品牌培育与市场开拓合作。引进世界著名的贝丹德梭品酒团队,就宁夏贺兰山东麓产区品牌建设进行合作,在国内外组织具有影响力的宁夏贺兰山东麓产区葡萄酒推广活动;聘请时任澳大利亚南澳大学商学院院长、葡萄酒商务首席科学家拉瑞·洛克辛为自治区葡萄产业发展局顾问,指导产区葡萄酒的品牌推广及市场营销工作。

（二）与国际高端人才的交流逐渐深入

产区积极推进葡萄产业人才高地建设,一是建立域内人才交流培养高地。自治区成立了宁夏大学葡萄酒学院和宁夏葡萄酒职业技术学院,组建了贺兰山东麓葡萄与葡萄酒产业发展联盟,成立了宁夏贺兰山东麓葡萄酒博士工作站,并在北京、上海、深圳分别成立了贺兰山东麓葡萄酒研发中心。二是深化国际人才交流合作。与澳大利亚南澳大学、法国波尔多葡萄酒学院就人才交流、教育培训、品种培育等项目建立了合作渠道和平台,柔性引进了5名世界葡萄酒大师(MW),60名国际酿酒师、3名侍酒大师(MS)、5名国内领军人物、8

个国内外葡萄酒专业团队;引进了 24 名国内外葡萄种植、葡萄酒酿造专家,32 名硕士及以上国外留学人才;深化与新西兰马尔堡产区合作,成功引进大卫·泰勒酿酒师团队,合作共建贺兰金山试验区的金樽酒庄(联合试验区 41 家酒庄),由泰勒主持葡萄酒酿酒和市场推广工作,以国际化技术、先进的市场理念引领宁夏贺兰山东麓产区行业升级。

(三)国际贸易规模层次同步提升

近四年,产区葡萄酒出口快速增长,出口量从 2015 年的 5000 瓶增加到 2018 年的 12 万瓶,增长了 23 倍;出口额从 2015 年的 500 万元增加到 2018 年的 4000 万元,增长了 7 倍;出口企业数量从 2015 年的 4 家增加到 2018 年的 14 家;出口品牌从 2015 年的 3 个增加到 2018 年的 8 个,张裕摩塞尔十五世酒庄、贺兰晴雪酒庄、迦南美地酒庄、银色高地酒庄、留世酒庄、阳阳国际酒庄、保乐力加酒庄等酒庄产品已出口至英国、德国、新加坡、澳大利亚、美国、法国、日本、瑞士等 20 多个国家,国际葡萄酒市场占有率有效增加。

(四)产区品牌国际影响力稳步增强

近 5 年来,宁夏贺兰山东麓产区涌现出了西夏王玉泉国际、张裕摩塞尔十五世、贺兰晴雪、类人首、长城天赋、迦南美地、贺东、美贺、长和翡翠、巴格斯、志辉源石等国内知名的优质精品酒庄,打造了加贝兰、览翠、留世、贺兰神、保乐利加、志辉源石、西夏王、轩尼诗夏桐等一大批在国内外有一定影响力的葡萄酒品牌,60 多家酒庄的 1100 余款葡萄酒先后在国内外葡萄酒大赛上获奖,领跑中国葡萄酒奖牌榜;贺兰神酒庄的"贺兰神 2014 精选有机干红葡萄酒"获评为 2019 年第 26 届布鲁塞尔国际葡萄酒大奖赛的"中国最佳葡萄酒"。宁夏贺兰山东麓产区也因此获得"明星产区""新兴产国之星"等荣誉称号。2019 年中国品牌价值评价信息发布会显示,宁夏贺兰山东麓产区葡萄酒品牌价值达到 271.44 亿元,较 2016 年净增 130 亿元,位列中国地理标志产品区域品牌榜第九位,产区品牌影响力不断提高。

三、产业效益全面发展的产区

宁夏葡萄酒产业每年为产区周边农户提供就业岗位 13 万个,工资性收入约 10 亿元,当地农民收入 1/3 来自葡萄酒产业,有力地带动了农民增收致富;酿酒葡萄种植将贺兰山东麓 35 万亩荒地变成了绿洲,酒庄绿化及防护林建设大幅度提高了产区森林覆盖率,葡萄园"浅沟种植"成为贺兰山东麓最大的洪水拦蓄工程,减少了水土流失,成为贺兰山东麓靓丽的风景线和银川市的生态屏障;葡萄酒产业既带动了生态建设,也带动了文化旅游、包装物流、电商等相关产业发展,成为宁夏全域旅游不可或缺的元素。

一是葡萄酒与文化旅游融合发展。宁夏贺兰山东麓产区葡萄文化长廊被列为"自治区特色文化产业示范园区"。36 个酒庄建成旅游酒庄,通过打造移动酒庄、邮轮酒庄、飞行酒庄等多种形式的酒庄游,实现葡萄酒展示销售与旅游体验相结合。二是展会品牌影响力不断提升。产区通过举办中国国际葡萄酒博览会、国际葡萄与葡萄酒组织学术会议、中法葡萄酒设备技术展,以及各类国际比赛、论坛和讲座等,连续 6 年以 OIV 观察员身份参加世界葡萄大会,积极组织产区企业多次参加国内外推介会、展销会、品鉴会,不断加大品牌宣传及市场推介力度。

四、制度标准和政策体系相对完善的产区

从品种引进、苗木繁育、葡萄园管理,到酒庄建设、葡萄酒酿造、销售,都对标世界一流葡萄酒产区,并结合宁夏实际制定了技术标准和管理办法。颁布了《宁夏贺兰山东麓葡萄酒产区保护条例》,是中

国首个以地方人大立法形式开展保护工作的产区,出台了《中国(宁夏)贺兰山东麓葡萄产业文化长廊发展总体规划(2011—2020年)》等一系列政策性文件,为产业发展提供了政策支撑;与浙江大学合作成立葡萄酒旅游智库,为产业融合创新提供全球智囊团队的支持;自治区先后成立了宁夏葡萄花卉产业发展局、宁夏贺兰山东麓葡萄产业园区管委会办公室(自治区葡萄产业发展局)、宁夏贺兰山东麓葡萄产业园区管委会,对葡萄酒产业实行统一领导、统一规划、统筹建设、协调管理,推动了产业持续发展。

一是建立了完善的产业发展机制。自治区高度重视产区组织体系建设,2012年,在自治区林业厅成立了自治区葡萄花卉产业发展局,2015年批准成立了全国第一个专司葡萄产业管理机构——宁夏贺兰山东麓葡萄产业园区管理委员会以及自治区葡萄产业发展局,对葡萄产业发展建设实行统一规划、统筹建设、统筹管理和全过程监督,进一步完善了产业发展体制,并先后出台了一系列政策措施。二是"酒庄酒一体化"发展模式逐步成熟。结合产区特色,积极推动优质葡萄种植园和特色葡萄酒庄集群发展,形成优质葡萄种植区、特色酒庄酒酿造区、风土文化传播区、休闲旅游体验区,实现了第一、二、三产业的功能聚集,形成了贺兰山东麓的产区品牌和葡萄酒品牌,在葡萄产业的激烈竞争中占据了一席之地,为葡萄产业可持续健康发展奠定了坚实基础。

第二节　宁夏贺兰山东麓产区发展思路

一、宁夏贺兰山东麓产区发展定位

(一)形象定位

整合贺兰山史前文化、农耕文化、黄河文化等,建设"文旅＋"葡萄酒产业链,挖掘探索具有中国葡萄酒产业特色的文化符号,加快葡萄酒文旅产品提质升级。以闽宁镇葡萄酒全产业链聚集展示为中心,以金山、镇北堡、玉泉营、鸽子山、肖家窑等酒庄集群为依托,加快建设一批特色鲜明、内涵丰富、功能完备的葡萄酒主题小镇。统筹规划集观赏休闲、美食住宿、体验教育等于一体的葡萄酒旅游专用精品线路,设置葡萄园观光大道,以品牌酒庄、特色酒庄、葡萄园为重点,增强旅游景点黏性,支持建立葡萄酒主题公园、主题酒店、主题餐饮、品鉴中心和科普教育基地,建设葡萄酒风情一条街,开展文创策划,讲好宁夏葡萄酒故事,使宁夏葡萄酒旅游成为全域旅游的重要元素。建设张骞丝路葡萄文化产业园,打造葡萄酒国际影人驿站、拍摄基地、国际影节展中国举办地,培育国际合作、文化旅游和创业孵化三位一体的葡萄酒文化产业园区(张红梅、龙嬿升、梁昌勇,等,2019)。

(二)目标定位

围绕"酒旅复兴、产业融合、国际视野、标准引领"的发展理念,到2025年,实现酒庄游客接待量达100万人次以上,建成酒庄酒店或民宿20家,酒庄特色餐厅10家,文化主题特色酒庄10家,3A级以上旅游酒庄15家;设计葡萄酒旅游IP,围绕IP开发一批文创产品,推动宁夏贺兰山东麓产区葡萄酒旅游品牌成为国内标杆,由中国最佳葡萄酒旅游目的地发展为全球十大葡萄酒旅游目的地之一(见表 4.1)。

表 4.1　中国(宁夏)贺兰山东麓葡萄酒旅游融合创新发展示范区发展目标

一级指标	二级指标	2025 年	2030 年
产业发展	区内葡萄酒旅游人数(万人次)	70	210
	省外葡萄酒旅游人数(万人次)	160	490
	葡萄酒旅游企业数量(家)	20	30
	葡萄酒旅游投资规模(亿元)	10	20
	葡萄酒旅游收入(亿元)	100	200
	葡萄酒旅游对葡萄产业发展贡献率(%)	10	15
酒旅体验	葡萄酒旅游专项线路(条)	3	10
	葡萄酒旅游示范项目(个)	5	10
	文化主题特色旅游酒庄(个)	10	15
	葡萄酒主题特色小镇(个)	2	5
	葡萄酒旅游 IP(个)	1	1
	葡萄酒旅游文创产品(个)	50	100
人才高地	葡萄酒旅游科研机构/平台/载体数量(个)	3	5
	葡萄酒旅游研究团队(个)	5	10
	葡萄酒旅游人才引进(人)	5	10
	葡萄酒旅游领军人才(人)	10	20
	葡萄酒旅游智库(个)	1	2
开放合作	组织国际性葡萄酒旅游会议、论坛(场次/年)	5	10
	举办/参加葡萄酒旅游类营销活动(项/年)	3	6
	举办/承办国际节事、赛事活动(项/年)	3	6
社会民生	葡萄酒旅游就业者平均工资水平(元)	5500	8000
	葡萄酒旅游就业人数(人)	3000	800C

(三)空间定位

完善"一核两带三线"的产业发展空间布局。

一核——银川都市圈。主要包括银川市、石嘴山市、吴忠市。以银川都市圈一体化建设为契机，以银川市为核心，发挥首府城市的辐射带动作用，提升银川都市圈的旅游综合服务能力和全域旅游产品丰富度，打造宁夏葡萄酒旅游核心发展区。

两带——贺兰山文化旅游带和黄河文化旅游带。以贺兰山东麓葡萄酒地理标志保护区为基础，优化整合贺兰山东麓自然生态、历史文化、人文景观、葡萄酒庄等特色旅游资源，建设文化旅游和葡萄产业融合发展示范区，打造贺兰山东麓国家级旅游休闲度假区。围绕黄河文化旅游资源，突出银河湾、庙庙湖、镇河塔、黄河外滩、黄沙古渡、水洞沟、黄河楼、青铜峡鸟岛、黄河金沙湾等景点特色，推进葡萄酒产业与黄河景观、湿地景观、引黄灌区等相关旅游资源融合发展。

三线——依托贺兰山东麓现有的旅游景点、酒庄资源，开发葡萄酒旅游精品线路，运用市场运作模式，完善酒庄和旅游配套设施，拓展酒庄旅游体验功能，实现游客住酒庄、品美酒、食特色，将宁夏现有的1—3日假日经济拓展至3—7日，最终达到让中外游客走进来、宁夏葡萄酒走出去的目的，提高产旅融合发展的经济效益。

1. A线：贺兰山沿山旅游精品线路（适合7天小长假线路）

以110国道两侧为葡萄旅游主轴，串联沿线景点、酒庄，从石嘴山到中卫，打造沿山精品旅游线路。

沿线主要景点、酒庄：石嘴山市区—西域王泉酒庄—北武当—星海湖—贺东酒庄—国务院直属干部学校历史陈列馆—沙湖生态旅游度假区—金山贺金樽酒庄及周边酒庄集群—贺兰山岩画—苏峪口国家森林公园—镇北堡西部影视城—志辉源石酒庄及周边酒庄集群—西夏风情园（米擒酒庄）—西夏王陵景区—长城天赋酒庄、贺兰神酒庄—闽宁贺兰红酒庄—禹皇酒庄—鸽子山西鸽酒庄及周边酒庄集群—鸽子山史前人类遗址—庙山湖—沙坡头逸悦酒庄—沙坡头旅游景区—中卫市区。

2.B 线:黄河沿水旅游线路(适合 3 天小长假线路)

以黄河为脉,串联沿线景区、酒庄和宁夏引黄古灌区,让游客体验悠久的引黄灌溉历史和璀璨的引黄灌溉文化。

沿途主要景点、酒庄:银川市区—黄河大桥(贺兰山路)—兵沟汉墓群—黄沙古渡—军博园—黄河外滩—黄河大桥(永宁)—玉泉营葡萄酒历史风情小镇(酒庄集群)—青铜峡黄河楼—青铜峡鸟岛——百零八塔—青铜峡黄河大峡谷旅游区、中华黄河坛—金沙湾国际葡萄酒庄—吴忠市区。

3.C 线:沿陆精品旅游线路(适合 3 天小长假线路)

沿途主要景点、酒庄:银川市区—黄河体育公园—黄河楼—吴忠市区—红寺堡酒庄—汇达酒庄及周边酒庄集群—肖家窑酒庄集群—罗山自然保护区—罗山东麓葡萄文旅特色小镇(同心韦州镇葡萄酒产业集群)—银川市区。

二、宁夏贺兰山东麓产区发展目标

(一)总体目标

经过 5—10 年的努力,葡萄酒产业布局区域化、经营规模化、生产标准化、产业数字化、营销市场化水平显著提升,酿酒葡萄基地规模效益大幅增长,龙头企业顶天立地、中小酒庄集群同步发展格局基本形成,生产加工销售溯源体系初步完善,覆盖国内、畅通国际、线上线下全渠道营销体系全面构建,葡萄酒与文化旅游、生态治理深度融合发展。

到 2025 年,酿酒葡萄基地规模达到 100 万亩,年产优质葡萄酒 24 万吨(3 亿瓶)以上,实现综合产值 1000 亿元,品牌价值翻番。

到 2035 年,酿酒葡萄基地规模达到 150 万亩,年产优质葡萄酒

45万吨(6亿瓶)以上,实现综合产值2000亿元,宁夏贺兰山东麓产区葡萄酒地理标志品牌价值超过1000亿元。构建"一业兴"带动"百业旺"的葡萄酒产业发展多元共赢格局,将宁夏贺兰山东麓产区打造成黄河流域生态保护和高质量发展先行区,让宁夏葡萄酒飘香全国,推动中国葡萄酒走向世界。

1. 构筑发展格局

"一体两翼,一心一园区八镇"发展格局基本形成;构筑"32521"产业布局,即创建三个国家级试验示范区——国家葡萄及葡萄酒产业开放发展综合试验区、国家农业(葡萄酒)高新技术产业示范区、国家葡萄酒全产业链标准化示范区,打造两大优质原料基地——优质干白原料基地、优质干红原料基地,做强五大酒庄集群,培育20家以上龙头酒庄企业和10个世界级葡萄酒品牌,真正成为中国葡萄酒产业的缩影和中国葡萄酒产业引领者。

2. 融合产业发展

葡萄酒产业同农业、工业、商贸、文化、旅游、康养、生态等多产业深度融合,葡萄酒相关产业长足发展,葡萄酒进入由供应链、服务链、营销链、利益链构成的全产业链竞争新阶段。

3. 打造核心品牌

宁夏贺兰山东麓产区葡萄酒核心价值和核心竞争力基本形成,区域公用品牌响亮全国、走向世界。产业集群化发展,建成一批酒庄集群和"品牌E族",成为中国葡萄酒消费者心目中的王牌品牌。

4. 制定行业标准

标准、制度、规则进一步完善,率先在全国建成葡萄酒大数据平台,葡萄酒产业软实力建设达到较高水平,奠定宁夏贺兰山东麓产区在中国葡萄酒产业的领军地位。

5. 优化生态环境

通过葡萄种植园及防护林建设,将百万亩砂砾地变成新绿洲,有效改善贺兰山东麓区域生态环境和小气候。建成贺兰山东麓葡萄酒绿色生态廊道,将贺兰山东麓葡萄酒产业建设成为黄河流域生态保护和高质量发展先行区的特色优势产业。

(二)阶段目标

到2025年,新增酿酒葡萄种植基地50.8万亩,酿酒葡萄种植基地规模达到100万亩,建成酒庄270家以上,其中,龙头酒庄企业20家(国内酒企10家,国际酒企10家)、精品酒庄250家以上;完善现有酒庄公用基础配套设施,提升酒庄整体形象。年产优质葡萄酒24万吨(3亿瓶)以上,葡萄酒全产业链综合产值达到1000亿元。

到2035年,在现有产业发展基础上,规划布局控制好产业发展后续用地空间,力争新增酿酒葡萄种植基地50万亩,酿酒葡萄种植总面积达到150万亩,建成酒庄370家以上,其中,20家龙头酒庄企业更加强大,250家精品酒庄品质更加优良、品牌更加响亮。年产优质葡萄酒45万吨(6亿瓶)以上,葡萄酒全产业链综合产值达到2000亿元。

(三)分区目标

银川市:到2025年,银川市新增酿酒葡萄种植基地16.96万亩,其中调整种植结构2.27万亩,宜种植荒地14.69万亩,种植基地面积达到34.5万亩。到2035年,新增酿酒葡萄种植基地20.3万亩,基地面积达到54.8万亩。

石嘴山市:到2025年,新增酿酒葡萄种植基地2.88万亩,其中调整种植结构0.01万亩,宜种植荒地2.87万亩,种植基地面积达到3.58万亩。到2035年,新增酿酒葡萄种植基地4.06万亩,基地面积达到7.64万亩。

吴忠市:到2025年,新增酿酒葡萄种植基地24.96万亩,其中调整种植结构3.05万亩,宜种植荒地21.91万亩,种植基地面积达到

49.6 万亩。到 2035 年,新增酿酒葡萄种植基地 18.68 万亩,基地面积达到 68.28 万亩。

中卫市:到 2035 年,新增酿酒葡萄种植基地 3.0 万亩,基地面积达到 3.2 万亩。

农垦系统:到 2025 年,新增酿酒葡萄种植基地 6 万亩,其中调整种植结构 5.59 万亩,宜种植荒地 0.41 万亩,种植基地面积达到 12.11 万亩。到 2035 年,新增酿酒葡萄种植基地 3.99 万亩,基地面积达到 16.1 万亩。

(四)融合发展目标

到 2025 年,酒庄旅游游客量达到 300 万人次,引进葡萄酒产业链衍生品开发及相关产业链配套企业 10 家以上,酿酒葡萄及葡萄酒年销售收入 344 亿元以上,带动文化旅游及相关产业产值达到 656 亿元。到 2035 年,酒庄旅游游客量达到 500 万人次以上,配套企业 20 家以上,酿酒葡萄及葡萄酒年销售收入 640 亿元以上,带动文化旅游及相关产业产值达到 1360 亿元。

(五)生态建设目标

新建绿洲 150 万亩,极大提升产区防洪能力。包括防护林带在内,将再使 100 万亩砂砾和荒漠滩地变成"新绿洲",产区内实现山水林田湖草沙综合治理和路、电、网、服系统配置,加上已有的 50 多万亩种植园及防护林带,共建成 150 万亩优质酿酒葡萄基地,使昔日的"干沙滩"变成"金沙滩",增强贺兰山、罗山(红寺堡、同心产区)蓄洪滞洪能力。

田园式酒庄、酒镇将成为生态文明教育基地。届时将建成 370 家现代田园式酒庄和 8 个葡萄酒小镇,这些酒庄、酒镇形成农工商、文旅康融合发展模式,成为葡萄酒爱好者、社会团体、学生生态文明及葡萄酒文化教育基地和研学游基地,为宁夏创建黄河流域生态保护和高质量发展先行区做出贡献。

（六）社会发展目标

扩大农村内部就业，使 20 万个家庭稳定增收。150 万亩葡萄种植基地将吸纳 20 万园艺产业工人就近就业，仅此一业，可使 20 万个家庭年增收 2 万—3 万元。

实现 5 万大中专学生稳定就业。该规划的实施需要大量的园艺师、酿酒师、品酒师、侍酒师、文创大师、职业经理人和营销人员，预计每年可创造 5000 个就业岗位，10 年内可使 5 万名大中专学生实现体面就业、品质生活。

打造不同风格的葡萄酒特色小镇。通过风格各异的葡萄酒主题小镇建设，推进葡萄酒产业同美丽乡村、美丽酒庄、美丽田园融为一体，促进村民安居乐业，提升村民生活质量，带动周边乡村全面振兴，使贺兰山东麓成为"就地城镇化"的典型、宁夏特色新型城镇化的范本。

三、宁夏贺兰山东麓产区发展战略

（一）国际化战略

以国际化的标准和理念，推动宁夏葡萄酒旅游产业发展。在全球化背景下，通过引进国际先进的葡萄酒要素开发理念、旅游目的地运营管理经验，实现发展理念国际化、产品国际化、品牌形象国际化、市场营销国际化、服务国际化、人才国际化、资本国际化。

（二）生态化战略

全力践行"绿水青山就是金山银山"理念，推进葡萄酒旅游绿色发展。按照建设黄河流域生态保护和高质量发展先行区的要求，把生态文明建设和葡萄酒旅游发展更加紧密地结合起来。在坚守资源消耗上限、环境质量底线、生态保护红线的前提下,最大程度地实现社会效益、生态效益和经济效益的共赢。

(三)智能化战略

广泛运用大数据、人工智能、物联网、区块链、5G 等创新科技,推进信息资源整合共享和公共服务智慧化,创建符合现代旅游需求的服务体验模式。推动管理智慧化,提升全区葡萄酒旅游管理水平。推进酒庄企业及酒旅企业服务智慧化,提升智慧化经营服务水平。大力发展葡萄酒数字文创产业,激发新业态活力。

(四)融合化战略

树立跨界融合的产业思维,推动文化旅游与相关产业融合发展,加快宁夏从景点旅游向产业旅游、从门票经济向产业经济、从封闭的旅游自循环向开放的旅游产业融合发展转型升级。

第三节　宁夏贺兰山东麓产区发展对策

一、制定政策,优化产业布局

(一)优化综试区发展支持政策

第一,加强对综试区建设的领导。积极与农业农村部、工业和信息化部等部委沟通对接,加快建立涵盖"1 个省区＋2 个部委＋16 个部委"的综试区建设工作框架和运行机制。在综试区部省工作机制框架下,成立综试区建设领导小组,统筹推进综试区建设。每年召开综试区工作机制会议,聚焦亟待破冰和扶持的重点环节,讨论争取国家部委支持的项目和政策,强化政策保障。部委层面,编制综试区实现千亿元综合产值的建设方案,争取国家在土地利用、基地建设、交流合作、科技研发、品牌建设、融合发展、人才引培等方面的政策、项目、资金支持,形成集成效应。自治区层面,协调自治区相关部门在财政扶持、土地利用、金融支持、税收优惠、基础设施配套、科技创新、人才激励、机制创新等方面的支持,形成综合政策支持体系。结合发展实际,修订《宁夏贺兰山东麓葡萄酒产区保护条例》;全面开展葡萄酒建设用地确权登记。

第二,建设综试区葡萄与葡萄酒功能中心。一是全力推动以葡萄酒为重点的银川国家农业高新技术产业示范区申报工作落地。二是在综试区内培育一批农业高新企业和科技型企业,实现葡萄酒领域高新技术在综试区转化,率先推广应用和形成产业化。支持建设产业总部经济中心、葡萄与葡萄酒研发中心、酿造技术研究中心、品牌展示中心、物流配送中心、检验检测认证中心、智慧园区运营中心等七个综试区功能中心,逐步打造成为国家级葡萄与葡萄酒功能中心。

第三,创新建立葡萄酒运营模式。一是支持宁夏贺兰山东麓葡萄酒产业园区管委会组建"宁夏贺兰山东麓葡萄酒产业投资发展集团",通过"管委会＋公司"形式承担综试区建设相关工作,重点负责综试区招商引资、资金筹措、项目推进、公共基础设施建设、市场化服务,吸引社会资本参与园区公共设施的建设运营。二是拓宽葡萄酒金融服务渠道。结合产业发展特点,打造"产业基金＋融资担保＋保费补贴＋银行贷款"综合融资模式,引导金融机构开展股权质押、动产质押贷款试点,推广葡萄酒产业用地经营权抵押贷款业务,推出适应葡萄酒产业需求的金融产品,拓宽酒庄企业融资渠道。

(二)优化产业生态布局

一是统筹优化区域布局。坚持规划引领,统筹区域布局、品种布局,加快风土区域化的研究,推进产区酿酒葡萄结构化、特色化、差异化发展。建设标准化种苗繁育基地,严格育苗企业准入制度,培育壮大种苗定点繁育企业,完善良种苗木母本园、采穗圃、繁育圃三级繁育体系,引进选育推广免埋土、抗寒旱、抗盐碱优新品种,研发拥有自主知识产权的本土品种,建成辐射周边、供应全国的优新品种苗木基地。二是整体连片规模发展。通过引进战略投资者,支持现有酒庄扩大自建自营规模,集中开发利用沙地荒地,调整种植结构用地,全域抓点连线、串线带片、聚片扩面。力争到 2025 年建成 100 万亩高标准中国优质酿酒葡萄基地。三是全面提升源头品质。加大栽培模式创新、新技术应用和提升改造力度,推进酿酒葡萄种植由增产导向转向提质增效导向。对低产低效葡萄园进行全面升级改造,综合运用财政补贴、评级奖优等政策,加大有机肥增施、架型改造、水肥一体化、农机农艺融合技术推广应用力度,达到优质葡萄园标准。优化新建基地种植模式和技术规程,全面推行有机绿色种植模式,确保品优质稳。四是建立健全葡萄园专业化社会化服务体系。探索开展葡萄酒社会化服务创新试点示范,建立服务组织名录库,强化服务价格监测,持续提升社会化体系水平。鼓励企业、合作组织等生产主体在产区建立社会化服务中心,专业化开展葡萄园植保服务、机械服务、劳务统筹及葡萄园托管等业务。成立自治区葡萄酒产业专家技术指导组,统一规范、精准高效为产区提供指导服务。

二、提升品牌价值,创新开拓市场

(一)打响贺兰山东麓葡萄酒品牌

一是办好"中国(宁夏)国际葡萄酒文化旅游博览会"。利用首脑会晤、高端峰会、重大赛事等时机,开展高端的葡萄酒产区推介、产品展示等活动,加强同世界主要葡萄酒国家及国内葡萄酒产区的交流合作,不断提升活动层次和水平。二是用好国际国内宣传平台。国际宣传方面,建立宁夏贺兰山东麓产区官方海外社交媒体账号,设置"紫色梦想""紫色传奇""葡萄酒之都"专栏,利用外宣媒体资源开展宣传。组织开展世界知名媒体"品宁夏"采风活动,扩大产区国际影响力。国内宣传方面,在央视"黄金时段"播出产区宣传广告,与多个媒体合作制作葡萄酒专题节目进行宣传。组织开展云游贺兰山东麓葡萄酒之都系列直播、电商直播、全国网络名人及知名网红宁夏产区行活动。三是加大出口力度。进一步加大在法国、德国、比利时、英国等国家的推介力度,加强与联合国、驻华使领馆、商会等机构沟通协作,推动贺兰山东麓葡萄酒成为指定用酒。制定出口优惠政策,鼓励企业走出去,为有出口需求的企业提供咨询服务。四是用好管好地理标志品牌。严格"贺兰山东麓葡萄酒"专用标志申请和使用管理。维护好"贺兰山东麓葡萄酒"品牌声誉,把产区优势转化为品牌优势。

(二)做强龙头企业,打造酒庄集群

一是加强资源整合。鼓励酒庄(企业)探索建立"强强联合""强弱联合"等多种模式联合体,整合产区的种植、加工、销售、人才、设备、服务资源和力量,抱团发展。二是培育规上企业。支持贺兰红、西夏王、张裕摩塞尔十五世、长城天赋、西鸽、贺兰神、志辉源石等规模性企业做大做强,鼓励符合条件的酒庄企业上市发展,培育规上酒庄企业20家,发挥引领作用。三是推动特色发展。结合酒庄各自特色,实现差异化发展。指导玉泉国际、张裕摩塞尔十五世、志辉源石、贺东、贺金樽等以休闲度假为主的酒庄,积极完善休闲度假功能;指导贺兰晴雪、银色高地、留世、迦南美地、长河翡翠等侧重出口的酒庄,对标国际,严格生产工艺和产品标准,研究国外市场需求,加大开拓力度;指导天河通夏、仁益源、密登堡等新进入市场的酒庄,进一步完善基础功能,加快市场开发,提升知名度。四是培育全产业链竞争

新动能。引导酒庄优化葡萄酒生产链,围绕葡萄酒产业所需的机械装备、酵母、酒瓶、酒标、酒塞、橡木桶、包装物等配套产品,引进培育相关制造、物流企业,完善供应链,增强配套供应能力。支持企业做好葡萄籽油、皮渣深加工文章,加快推进葡萄酒产业延链补链强链。创新开发医药、保健、美容、食品、环保等领域的功能性产品,培育关联企业,提升产业附加值。

(三)创新开拓市场,促进多元营销

一是建立健全市场营销体系。引导龙头酒庄在目标市场和重点区域分类建立直销体验中心、直营店和仓储配送中心。支持引进葡萄酒专业营销公司团队与产区进行联营,鼓励酒庄与核心重点城市经销商形成产品营销联合体,建立多载体、多层次、多渠道营销网络体系。二是探索新营销模式。创新营销网络模式,全方位推动宁夏葡萄酒进入大众市场;在现行电商平台的基础上,增加在主流社交媒体、视频等平台的投入和运营;加大跨界营销力度,赞助热点赛事、文娱跨界等活动,积极推进产品"出圈"营销,进一步扩大影响圈层。力争连续 5 年,每年销售量和销售额增长率稳定在 10% 以上,培育 5—8 个销售额过亿的品牌酒庄。三是实施精准营销。推进信息化、数字化营销,成立葡萄酒营销研究院,研究市场消费习惯及喜好,准确描绘客户画像,鼓励酒庄研发具有鲜明地域特点的常规酒种,创新推出小众酒种,增加多元产品供给,提升产品附加值,精准指导产区制定葡萄酒营销策略(赵耀、张文丽、赵菲儿,等,2019)。

三、提升技术水平,提高附加产值

(一)培育产业发展新动能

一是加强葡萄酒产业关键技术攻关与成果转化。加强重大科技

任务总体设计和系统布局,统筹推进项目、平台、人才的建设,整合国家和自治区各类创新资源,加强政产学研用协同创新、研发示范推广一体化服务、技术品牌文化生态深度融合。创建以国家农业高新技术产业示范区为主干、科技示范园区为主体的产业高质量发展载体,建成以自治区科技创新示范企业为引领、智慧酒庄为样板的产业集群,形成贺兰山东麓葡萄酒产业科技支撑体系和发展格局。采用"揭榜挂帅"等方式,组织产区内外科技力量,加大对酿酒葡萄育种、栽培、植保、酿造、装备、生态等基础研究、应用技术开发及成果转化的支持力度,强化葡萄酒产业科技支撑。二是加大葡萄酒产业创新平台支持力度。突出葡萄酒企业合作主体地位,强化科技合作,完善"项目+平台+人才"一体化合作模式。加强与国内外科研院校、有研发实力的酒庄交流合作,统筹自治区重点研发计划、基础条件建设计划、技术创新引导计划等各类财政科研资金开展葡萄酒高质量发展科技攻关、成果转化、人才培养等工作,持续支持葡萄酒产业科技创新,建设国家酿酒葡萄种质资源圃、酿酒葡萄种质资源检测创新平台、宁夏葡萄酒产业技术创新中心。三是加大人才引进培养力度。深化拓展东西部科技合作,瞄准育种、栽培、植保、酿造、装备、生态等全产业链上各环节的基础研究与应用技术开发等科技创新任务,依托国家和自治区各类科技计划及引智计划项目,积极引进高层次人才和团队,加大产区内领军人才、高端人才和创新团队的培育力度。依托产区内高校、科研院所组建培育优势学科和专业团队,形成专业齐全、结构合理、优势突出的人才体系。吸引集聚各类科技人才深入园区和企业开展协同攻关、成果转化和科技服务。四是突出标准引领作用。完善葡萄酒全产业链的技术标准和规范,突出标准引领作用,开展葡萄酒全产业链标准化试点工作,引导酒庄以标准为依据,规范技术标准、管理标准、工作标准,加快酿酒葡萄种植和葡萄酒现有生产标准升级。抓好酒庄分级评选和管理工作,开展标准化优质园创建活动,引导酒庄葡萄园向绿色有机标准化葡萄园转型,鼓励酒庄参与绿色食品、有机食品、良好农业规范（GAP）等产品质量认证，促进葡萄酒品质提升。扶持产区 20 多家具有出口资质的酒庄企业开展国际质量认证，推动宁夏葡萄酒开放出口。加强生产标准化集成应用，全面提升酒庄管理能力，推进生产技术智能化。联合国内外专业评估机构启动设立葡萄园产权及葡萄酒品质评估中心，对葡萄园产权及葡萄酒品质等方面进行评估定价，建立市场认可的评价指标体系，为盘活资产、产权交易、资源流通等提供依据。

（二）增加文化旅游内涵

大力发展葡萄健康休闲旅游，实现葡萄酒文化旅游深度融合，不断提升宁夏"全球葡萄酒旅游目的地"的影响力。一是打造葡萄酒与文化旅游深度融合的典范。加快启动贺兰山东麓葡萄酒与文化旅游融合发展规划编制。完善酒庄、葡萄园功能，将酒庄与酒庄、酒庄与贺兰山东麓沿线景区串点成线，构建葡萄酒文化旅游体系，深度开发 3—5 日的葡萄酒研学游线路。二是实施精品旅游项目。启动"紫色梦想 1 号路"、葡萄旅游"观光小火车"等项目建设，在人流密集区打造酒吧一条街，完善城市酒窖旅游功能，为游客创造一个集中体验营销场所。二是加快建设一批葡萄酒主题产业小镇。加快支持在葡萄园集聚区建设葡萄酒康养项目，配套闲庭老街、精品民宿、温泉理疗、种采体验、自酿品鉴、保健康体等文化设施和活动。推动贺兰金山图兰朵葡萄酒文旅小镇、青铜峡鸽子山葡萄酒文化旅游产业小镇、农垦玉泉营葡萄酒历史风情特色小镇等项目建设。三是推进葡萄酒与文化深度融合。支持创作以贺兰山东麓葡萄酒为主题的歌舞、小品、舞台剧等文化作品，结合文化旅游推广活动常年向游客演出。争取中宣部、国家广电总局的支持，拍摄一部以葡萄酒产业发展为背景，讲述一批移民群众、葡萄酒人在乡村振兴、生态治理中发挥重要作用的影视剧。四是推动葡萄酒社会化教育。以贺兰山东麓葡萄酒教育学院为基础成立中法葡萄酒学院，推广已出版的《中国葡萄酒侍酒师教材》,培养具有专业水平和国际视野的本土葡萄酒人才,力争五年培训认证 30 万人,辐射带动 80 万以上葡萄酒爱好者。五是创建"绿水青山就是金山银山"实践创新基地。推进产业发展与生态保护深度融合,按照绿色、低碳理念设计建造和管理酒庄酒堡,创建绿色生产模式,创建"吃干榨净"零排放、零污染的绿色产业、生态产业(戴金枝、张亚楠、董玉峰,等,2019)。

(三)持续引进优质企业

一是强化产业政策投入。建议对基地建设、品牌培育、市场营销、金融信贷等瓶颈环节继续给予政策引导,更大的发展需要更开放的政策引导,亟须出台拟请国家部委支持和自治区支持葡萄酒产业发展的综合性财政政策。二是制定营销扶持政策。进一步支持产区宣传推介,重点用于整合力量打响产区品牌和产品品牌,以酒庄上缴税收额度为考核目标,给予相对应的市场营销奖励,促进酒庄发挥市场营销主体作用,走向国内外市场。三是制定金融扶持政策。金融部门研究制定更适合酿酒葡萄产业发展的政策,建议设立贺兰山东麓酿酒葡萄产业发展基金,撬动金融资本投资酿酒葡萄产业。建议对酒庄在新建酿酒葡萄基地和酒庄建设方面发生的贷款,财政按同期同档次贷款基准利率的 60% 予以贴息补贴,其中新建酿酒葡萄基地贷款贴息三年,酒庄建设贷款贴息两年。四是建立合理的抵押担保机制。目前,产区大部分基地没有确权,甚至有些酒庄建好后土地手续都未办理,没有有效的抵押证明,给贷款带来了困难。五是加大招商引资力度。引入一批国内外有实力、有意愿从事酿酒葡萄产业开发的企业入驻产区,支持企业在规划区内采取土地流转、反租倒包、农户土地入股等方式,与规划区内集体、农户形成利益共同体,扩大基地规模。

第五章　宁夏贺兰山东麓产区产旅共富模式

突出葡萄产业综合开发的三产联动功能，加快产业内涵的挖掘，在葡萄酒旅游补齐产业链短板，优化提升产业综合价值的同时，创新葡萄酒旅游与生态农业、文化、工业、体育、科技、教育、商务会展、医疗健康、扶贫等领域的融合发展，打造世界葡萄酒旅游的中国样板。

第一节　葡萄酒旅游＋生态农业工程

践行"绿水青山就是金山银山"理念，发挥葡萄种植和酒庄建设在防风固沙、荒漠治理、配套改善、城乡联动等方面的显著作用，创新生态修复型酒庄旅游产品。创新利用酒庄及周边环境，通过活动组织、工具和设施租赁等模式，引导骑行、徒步等绿色游览，同时在葡萄种植和酒庄开发过程中引入创意农业、休闲农业等新型业态，打造集观光游览、休闲度假、康体养生等功能为一体的现代休闲农业，使酿酒葡萄、鲜食葡萄、养生水果种植有机融为一体。支持葡萄酒主题的特色小镇、现代农业庄园、田园综合体、特色旅游村庄、休闲农业示范区建设（见表5.1）。

表 5.1　葡萄酒旅游＋生态农业工程

序号	项目名称	重点建设内容
1	葡萄 DIY 生态家庭农场项目	鼓励引导酒庄企业在酒庄内众筹并种植一定数量的葡萄树，鼓励以家庭为单位建立"葡萄家庭小农场"，并可以栽植一些其他当地适宜的经果林，与消费者建立长期共存联系
2	葡萄酒自酿体验项目	在产区 30％—50％的酒庄内开展葡萄酒自酿体验活动，让消费者在生态、绿色、和谐、共享的理念中，通过动手参与，感受宁夏葡萄酒的醇美品质

第二节　葡萄酒旅游＋文化工程

创新葡萄酒产业链的文化载体作用，将产区历史文化融入酒庄建设和服务接待全过程，把文化创意融入产品研发、包装设计和销售展示全过程，推动国家文旅消费示范城市建设。创新文物保护利用和文化遗产保护传承模式，将酒庄作为文物遗迹、非物质文化遗产和传统村落文化的保护利用空间，打造与酒庄融合的美术馆、艺术馆和博物馆，推动演艺、游乐等产业与葡萄酒旅游的融合，发展酒庄文化体验旅游。鼓励支持文化演艺团体和影视拍摄团队加强酒庄相关题材的创作，高品位、高档次打造一批兼具艺术水准、产区特色和市场生命力的旅游文化演艺剧目和影视作品（杨吉华，2016），如表 5.2所示。

表 5.2　葡萄酒旅游＋文化工程

序号	项目名称	重点建设内容
1	葡萄酒文化小镇项目	通过招商引资开发建设，在银川市西夏区打造葡萄酒文化展示基地、葡萄酒主题影视拍摄基地，培育国际合作、文化旅游和创业孵化三位一体的葡萄酒文化产业园区
2	葡萄酒文创体验项目	通过整合手工艺、美术、音乐等方面，将产区历史文化和葡萄酒文化融入旅游酒庄文创产品设计中，延长游客游玩停留时间，增加消费体验内容

第三节　葡萄酒旅游＋工业工程

　　创新与葡萄酒产业相关的工业遗产和企业、园区、基地、老厂房等的开发模式,挖掘工业生产空间、设备、技术、管理等方面的文化底蕴,从沉寂的工业遗存和鲜活的工业生产两个角度,发展葡萄酒工业旅游,推动国家工业旅游示范基地建设,开发集生产展示、观光体验、休闲度假、会议团建、教育科普等项目为一体的葡萄酒工业旅游产品和旅游线路。同时依托数字技术、创意设计和网络平台等,突破传统酿酒、生产等固化工业思维,依托酒庄拓展葡萄主题产品类型,增加包括礼品、日用品、化妆品、办公室用品、食品等在内的便于工业生产和展示的葡萄相关产品,通过设计产业释放葡萄酒产业的潜在吸引力(见表5.3)。

表 5.3　葡萄酒旅游＋工业工程

序号	项目名称	重点建设内容
1	葡萄酒老旧厂房旅游改造提升项目	改造提升西夏王酒厂、御马酒庄等 20 世纪 90 年代建设的老旧葡萄酒厂房,使其成为葡萄酒工业旅游的旅游景点,将钢铁等工业元素补充到产区旅游中
2	葡萄酒相关产品工业设计项目	挖掘葡萄酒产业相关的农业和工业元素,通过工业设计理念,在旅游酒庄、商业街、综合体等场所,通过露天博物馆、文化主题景观、夜景主题氛围等,活化主题产品设计

第四节　葡萄酒旅游＋体育工程

　　创新葡萄园区和酒庄设施与体育旅游新业态的融合模式,开发建设葡萄庄园体育旅游产业园、酒庄运动休闲特色小镇,提升酒庄对体育赛事活动的接待服务能力,进而举办宁夏贺兰山东麓产区国际马拉松比赛、自行车泵道世锦赛、徒步定向越野赛、汽车摩托车拉力赛等知名赛事活动,助力国家体育产业示范基地建设。支持酒庄与具有国际知名度和市场竞争力的体育旅游企业和品牌合作,引导和鼓励酒庄打造具有产区特色的体育场馆、体育设施和体育基地,打造一批有影响力的产区体育旅游精品线路。将葡萄产业元素融入新型电子竞技体育项目,通过场景元素和内容的构建等方式,实现葡萄酒旅游与体育产业的融合创新(见表5.4)。

表 5.4　葡萄酒旅游＋体育工程

序号	项目名称	重点建设内容
1	贺兰山东麓运动小微公园项目	重点选取西夏区昊苑村、闽宁镇以及玉泉营小镇等区域内的酒庄,利用葡萄园围绕的自然优势,打造2—3个运动小微公园,以供周边市民周末进行烧烤、露营、休憩等活动
2	贺兰山东麓竞技体育项目	重点发挥贺兰金山国际葡萄酒试验示范区、鸽子山国际葡萄酒示范区、红寺堡肖家窑国际示范区等的地理优势和绿化优势,打造2—3个体育公园,逐步开发马拉松、徒步走、自行车骑行等竞技体育项目

第五节　葡萄酒旅游＋科技工程

创新利用文化旅游相关数字技术和网络平台,融入葡萄酒旅游相关的产区文化、酒庄设施和系列产品信息,辅助游客到访前的信息准备。通过智慧酒庄的创建工作,发挥"文创设计＋智能科技"理念,深度融合"场景、体验、社交、传播、交易",实现客流管理的线上线下一体化、数据化、智能化,推动科技赋能葡萄酒文旅资源普查、数据库建设、产品线路展示和消费。运用信息技术手段在葡萄园区和酒庄融入产区优秀传统文化、红色文化、非遗文化等,在不影响葡萄酒旅游主题氛围的情况下,加深游客在体验过程中对产区发展背景文化的感知与理解。强化数字经济领域的渗透,利用现代科技辅助葡萄酒核心产品和旅游文创产品的设计研发和营销推广。利用互联网、大数据、云计算、人工智能等现代科技手段,做好游客反馈数据的收集和分析工作,助力产品与服务的改进。推动信息数据资源的共享,加强跨区域合作,助推葡萄酒旅游的跨区域跨界融合发展(鹿文丽、杨潘、王晶,2017)(见表 5.5)。

表 5.5　葡萄酒旅游＋科技工程

序号	项目名称	重点建设内容
1	葡萄酒旅游科普教育项目	创建 1—2 个葡萄酒文化科普馆。主要对葡萄种植、酿造等多个生产环节进行文化提炼,将农业语言演变成消费者的旅游语言,进一步将宁夏葡萄酒文化传递给消费者
2	葡萄酒人工智能项目	通过数字技术和网络设备,引入 AR、VR 等智慧手段,创建 1—2 个数字酒庄、强化智慧园区等融合示范项目,强化线上线下互动体验

第六节　葡萄酒旅游＋教育工程

以葡萄酒旅游影视作品、主题 IP 系列产品等为载体,推动葡萄酒旅游走进课堂,以葡萄园区、酒庄等为目的地,推动教育走出课堂融入葡萄酒旅游,加强酒庄企业与各类学校、教育机构的合作,把教育和研学旅行作为酒庄开发建设的重要选项,促进葡萄酒产业与教育和研学旅行的有机融合。依托产区历史文化、自然生态和产业特色,常态化推动葡萄酒产业通识教育教材的创作,进一步发挥宁夏贺兰山东麓葡萄酒教育学院的作用,通过课程建设、职业认证等形式,拓展培训项目的覆盖面。创新打造景区型、博物馆型、文化馆型、科技馆型主题酒庄,推出一批酒庄研学旅行基地、营地,依托基地推动葡萄产业资源共享和区域合作,打造一批示范性教育研学旅行精品线路,发挥产区在生态移民、防沙治沙、节水设施、产业发展、园区观光、国际交流等方面的示范作用。

第七节　葡萄酒旅游＋商贸会展工程

创新利用葡萄园区和酒庄设施,通过举办各类主题展会和节事活动,推动酒庄接待设施和服务的提升改善,推动商务会展型葡萄酒旅游目的地建设,以此促进葡萄酒销量增长与品质提升,形成良性循环。成立领导小组和工作专班,聚焦对接标准化、专业化、国际化主题展会和节日活动,持续打造宁夏贺兰山东麓国际葡萄酒博览会、中国西部(银川)房·车博览会、AFN"一带一路"(宁夏)动漫节等与葡萄酒旅游相关的商务会展品牌,加速产区与城区在接待服务和商贸活动等方面的互动,带动交通、通信、传媒、设计、人才等方面的交流和集聚(见表5.6)。

表5.6　葡萄酒旅游＋商贸会展工程

序号	项目名称	重点建设内容
1	国际性葡萄酒专业展会项目	完善中国(宁夏)国际葡萄酒文化旅游博览会,举办中国第一个葡萄酒国际展会,与国际葡萄与葡萄酒组织、国际葡萄酒电影节、国际葡萄酒品评大赛、国际侍酒师大赛等合作,每年至少举办一次国际性葡萄酒论坛
2	葡萄酒跨界会展项目	与中国国家进口博览会、G50峰会等各类大型会议、运动赛事、文化会展等具有一定影响力的商贸会展合作,跨界开展渗透展演活动

第八节　葡萄酒旅游＋医疗健康工程

创新发挥产区环境、物产、活动、设施等在医疗健康方面的独特作用,以葡萄酒旅游为核心引进现代医疗健康和配套服务体系,通过康养小镇、医旅共同体、养老地产等落地项目,以及由葡萄籽提取物开发的精油、香皂、面膜等具有医疗保健功能的衍生产品,与葡萄园区和酒庄形成功能互补,推动差异化的葡萄主题健康旅游示范区、示范基地和示范项目建设。此外,通过医疗健康主题学术活动、疗休养活动、教育研学活动、体育赛事活动等,发挥葡萄酒产业综合开发在医疗健康方面的巨大潜力,构建包含青少年研学和中老年养生的全年龄覆盖葡萄酒旅游大产业格局(见表 5.7)。

表 5.7　葡萄酒旅游＋医疗健康工程

序号	项目名称	重点建设内容
1	葡萄酒"医疗康养"特色小镇项目	在贺兰金山国际葡萄酒小镇,通过招商引资,开发主题休闲度假、健康养生项目,打造葡萄酒康养小镇、精品葡萄酒庄集群,满足游客多样化的消费需求
2	葡萄酒衍生健康产品开发体验项目	鼓励引导产区内旅游酒庄开发葡萄籽油相关衍生产品,通过产品体验和葡萄酒销售搭赠等形式提高品牌附加值

第九节　葡萄酒旅游＋乡村振兴工程

创新葡萄酒产业在乡村振兴战略中的带动模式,一方面,依托葡萄种植和葡萄酒酿造生产提升就业率,从经济角度实现乡村振兴(汪宇航、赵耀、张文丽,等,2019);另一方面,依托葡萄酒旅游服务提升居民素质,从获得感、幸福感和社会精神面貌提升的角度实现乡村振兴,全面助推乡村经济社会发展,围绕葡萄酒旅游联动产区葡萄产业综合开发,美丽乡村建设,以及现代农业、休闲农业、创意农业开发。通过产业链延伸和配套服务改善,推动乡村基础设施和休闲环境的提升,以景村一体化、特色村镇、田园综合体、现代农业园区等特色化发展模式,推动产区农村第一、二、三产业融合发展,缩小城乡居民生活差距。

第七章　宁夏贺兰山东麓产区产研一体路径

第一节　宁夏贺兰山东麓产区产研一体的
背景、必要性和原则

一、宁夏贺兰山东麓产区产研一体的背景

以国内大循环为主体,国内国际双循环相互促进的新发展格局正在加快形成,文化旅游业发展面临前所未有的历史机遇。宁夏出台的《关于建设黄河流域生态保护和高质量发展先行区的实施意见》明确了"建设经济转型发展创新区""建设文化传承彰显区"的战略定位,对文化旅游高质量发展提出了新的要求。

为深入贯彻落实习近平总书记的重要指示精神,要在乡村振兴战略的政治大背景下,立足宁夏贺兰山东麓全域,突出生态价值,挖掘葡萄酒产业文化,强化品牌贸易,探索葡萄酒旅游新模式,努力打造引领宁夏乃至中国葡萄酒文化旅游融合发展的平台和载体。

为了传播葡萄酒文化,推动宁夏贺兰山东麓产区葡萄酒旅游与

研学教育等活动的跨界发展,提升国人对宁夏贺兰山东麓产区的认知与消费,宁夏贺兰山东麓葡萄产业园区管委会已经与浙江大学、北方民族大学等高校进行了长期深度的合作。2019年9月,由宁夏贺兰山东麓葡萄产业园区管委会与浙江大学旅游学院研究所合作成立的"中国(宁夏)贺兰山东麓葡萄酒旅游智库"(以下简称智库)在银川挂牌,首期智库专家共有20多人,包括浙江大学、厦门大学、上海交通大学等国内著名高校的专家以及国外专家。目前已经涵盖消费心理、体验设计、文化创意、市场营销、旅游规划、数据挖掘、供应链管理等专业领域。

该智库将主要在文旅融合、产城共融、产业共生、主客共享四个方面加强合作。一是文旅融合。借助旅游行业的体验性质,让更多国人在轻松的氛围中,了解葡萄酒产业相关的文化,逐步消除进口酒消费习惯对国内葡萄酒消费的影响。二是产城共融。在市政建筑、道路交通、景观环境、林草水利等方面,全面融入葡萄酒产业文化,让每一个来宁夏的人,都能从细微处感受到这是一个中国葡萄酒产业的朝圣地。三是产业共生。葡萄种植、葡萄酒酿造、葡萄酒旅游三种业态横跨第一、二、三产业,不仅让不同门类的产业共同生发,且产生的效益也逐级递增,对当地国民经济和社会发展具有极其重大的推动与促进作用。四是主客共享。有倾向性地借助文商旅综合体的发展模式,在居民集聚区的消费场景中融入葡萄酒旅游元素,让本地居民便利地享受旅游业的红利;也可以在主要为游客打造的独立旅游项目中,为本地居民制定优惠政策,以量取胜,推动他们利用日常休闲时间去享受旅游消费项目。

在中国旅游研究院融合创新研究基地的支持下,"中国葡萄酒旅游市场网络评论研究报告"专题研讨会顺利举办;在"葡萄酒旅游文化"课程建设、产学研论坛举办、专业认证等方面,吸引了大量在校生和业界人士关注并参与葡萄酒产业相关工作。通过葡萄酒旅游服务标准的制定、葡萄酒文化创意产品的打造、高层次研究生培养项目的联动、高水平研究论文和专著的出版，葡萄产业相关的自然人文资源调研、葡萄酒产业链延伸的模式和策略研究、葡萄酒旅游融合创新的机制和模式研究、葡萄酒旅游市场研究、葡萄酒旅游融合创新的产品和服务设计等相关咨询服务与人才培养项目，全面推动和促进宁夏贺兰山东麓产区葡萄酒文化旅游的融合创新与高质量发展，提升游客消费满意度和品牌影响力。

二、宁夏贺兰山东麓产区产研一体的必要性

（一）发挥现代高科技文化示范、辐射和带动作用的创新需要

近年来，宁夏葡萄种植面积、年生产葡萄酒数量、酒庄接待游客数量、带动生态移民就业人数、综合产值不断增加，逐步成为我国葡萄酒产业发展的先行区，但宁夏葡萄酒产业品牌影响力有限、营销手段缺乏、产区形象还不够丰满等问题已经严重制约了产区发展。目前，自治区党委政府制定了宁夏葡萄酒通过10—20年实现千亿级的发展目标，这就急需加快探索建设一种以葡萄酒产业供给侧结构性改革为主线，"葡萄酒＋"融合发展为核心的新模式。

因此，要以乡村振兴战略为背景，以提高附加值和综合效益为目的，对标国际著名葡萄酒旅游产区，打造可以在贺兰山东麓促进第一、二、三产业深度融合的典型性样板，发展示范、辐射和带动作用，这也是宁夏农业发展新阶段的必然选择和宁夏葡萄酒产业发展的迫切需要。

（二）推动转方式、调结构、促升级的区域经济协调需要

当前宁夏贺兰山东麓产区集群效应已经凸显，大中小酒庄协同发展，但是产业结构单一，产品类别不足且同质化情况仍有发生，产品生产成本高，第一、二、三产业融合发展还不紧密，各环节之间的衔

接还不平衡,农业效益低和农民增收困难的问题还很明显,迫切需要转方式、调结构、促升级。因此,要突破传统产业发展的常规理念,站在文化旅游和提升融合服务的视角,调整宁夏葡萄酒产业发展的梯次结构,推行规模化、集约化、精品化的发展路线,以近 40 家旅游酒庄为基础,统一旅游线路,整合贺兰山文化、黄河文化以及地方历史文化等旅游要素,推动生产、销售与观光旅游相结合,改单一种植模式为多业并进方式,以三产带二促一产,促进葡萄酒产业协调发展。

(三)坚持环境友好的绿色发展需要

贺兰山高大的山体和茂密的森林阻挡了腾格里风沙对东部地区的侵袭,有着极其重要的战略意义和国家生态安全意义。但贺兰山东麓是生态脆弱区,土层较薄,肥力瘠薄,如何把土地、生态的产存量变为增量,筑起自然保护区外围缓冲地带保护绿色长城,是国家生态战略的需要。因此,要坚持以生态安全为底线,以生态文明为导向,示范高效节水节能减排,推行清洁生产,节约资源,循环利用,建立园区绿色低碳循环发展产业体系,这不仅能绿化荒漠化的贺兰山东麓洪积扇区域,促进保护区生态系统恢复,还能开发葡萄酒高效生态产业链,走资源节约、环境友好的农业现代化道路,为宁夏农业提供绿色发展模式。

(四)催生产业融合的新业态裂变发展需要

建设葡萄酒科技展示区,建设第一主导产业是葡萄标准化种植,第二主导产业是酿造业,第三主导产业是社会化服务、文化体验的观光旅游业。在葡萄园集聚区建设葡萄酒康养项目,配套闲庭老街、精品民宿、温泉理疗、种采体验、自酿品鉴、保健康体等,使人们回归自然、放空心灵。立足宁夏风土和产区实际,融合传统酒文化,建立涉及葡萄酒教育、文化、艺术和设计的高端国际交流及品牌培养机制,编制符合中国特色的葡萄酒文化推广课程,培养葡萄酒爱好者和具有专业水平、国际视野的本土葡萄酒人才。推进产业发展与生态保护深度融合,按照绿色、低碳理念设计建造和管理酒庄,实现绿色生产模式,创建零排放、零污染的绿色酒庄、生态酒庄,打造新型田园综合体,推进产业生态化,在改善修复生态环境中发挥重要作用,推动传统农业向现代农业转变。

三、宁夏贺兰山东麓产区产研一体的原则

坚持改革推动,创新发展。以打造葡萄酒旅游融合贺兰山东麓葡萄酒品牌为主线,坚持目标导向和问题导向,加快形成适应宁夏葡萄酒旅游发展的体制机制、政策措施和产业体系,在理念、服务、产品、品牌、业态等方面全面推动葡萄酒旅游提质增效和转型升级,形成以葡萄酒旅游促进宁夏葡萄酒品牌发展的新动力。

坚持开拓思路,开放发展。全面融入"一带一路"建设和黄河流域高质量发展,坚持用大战略、大思路、大举措发展葡萄酒旅游,提升宁夏贺兰山东麓产区葡萄酒旅游国际化、信息化、专业化水平,推动葡萄酒旅游从封闭的内循环发展向开放的多产业融合发展转变,释放葡萄酒旅游内生动力和发展活力,开创宁夏葡萄酒产业高质量发展新局面。

坚持全面统筹,协调发展。强化全区各级党委、政府对葡萄酒旅游发展的领导,统筹部署、统一规划、整合资源、协调联动,推动葡萄酒旅游发展合力化、产业要素链条化、产品业态优质化,构建葡萄酒旅游高质量发展新格局。

坚持生态优先,绿色发展。牢固树立"绿水青山就是金山银山"理念,坚持保护优先、合理利用的方针。在严守生态底线的前提下,推动葡萄酒旅游资源科学规划、合理开发、有序打造、永续利用,把资源优势转化为发展优势,把绿水青山转化为金山银山,实现社会效益、生态效益和经济效益的共同提高,提升葡萄酒旅游高质量发展新

境界。

坚持以人为本,共享发展。坚持以人民为中心,以群众满意为目标,增强葡萄酒旅游产品供给,优化发展环境,加大资金投入,丰富旅游内涵,提高服务品质。强化葡萄酒旅游富民功能,坚持因地制宜、突出特色、共建共享,使发展成果惠及于民,谱写葡萄酒旅游高质量发展新篇章。

第二节　宁夏贺兰山东麓产区产研一体的任务及措施

一、宁夏贺兰山东麓产区产研一体的任务

第一,梳理宁夏葡萄酒文化旅游未来所面对的挑战和存在的深层次问题。

第二,结合现有产业发展的外部环境,提出具有中国特色的宁夏贺兰山东麓产区葡萄酒文化旅游融合发展目标及未来酒旅融合的产业定位。

第三,在满足吃喝玩游购娱的旅游基本要素前提下,拔高凝练出宁夏贺兰山东麓产区葡萄酒旅游融合创新发展的新模式,包括葡萄酒旅游＋生态农业、葡萄酒旅游＋文化、葡萄酒旅游＋工业、葡萄酒旅游＋体育、葡萄酒旅游＋科技、葡萄酒旅游＋教育、葡萄酒旅游＋商贸会展、葡萄酒旅游＋医疗健康、葡萄酒旅游＋乡村振兴等九个板块的内容。

第四,建立和固化 2—3 条宁夏贺兰山东麓产区葡萄酒旅游经典线路。

第五,完善宁夏贺兰山东麓产区葡萄酒文化旅游配套所需的支撑要素,包括景观道路、餐饮住宿、购物娱乐、出行服务等。

二、宁夏贺兰山东麓产区产研一体的措施

第一，有效提供智脑思路。为自治区包抓、分管葡萄酒产业发展的相关领导，提供可以用于实践的新模式、新机制、新思路和新方法。

第二，科学指导产区建设。紧紧围绕全面建设社会主义现代化国家的总基调，抢抓乡村振兴的政治大背景。中国目前有 4 亿中产阶级，在 2035 年这一数字将扩大到 6 亿—8 亿，这是中国葡萄酒未来发展最大的市场。而对葡萄酒旅游的研究势必会推动宁夏葡萄酒产业融合向纵深发展，也势必会对产业管理者产生潜移默化的影响，未来的宁夏葡萄酒产业发展也将更加科学、高效和现代化。

第三，全面带动品牌发展。以美国纳帕葡萄酒谷为例，仅仅近 50 年的发展时间，不足 28 万亩的土地，创造了近 2000 亿元的综合产值，打造了包括蒙大卫、作品一号等近 100 个国际大牌，产品溢价率高达 500％；网红"葡萄酒小火车"成为美国西部旅游打卡之地，年接待游客 1000 万人次以上，并做到了葡萄酒销售足不出户。因此，要通过葡萄酒旅游创造出中国葡萄酒品牌，奠定宁夏贺兰山东麓产区在全球葡萄酒产区中的核心地位。

第四，强力促进市场销售。葡萄酒旅游对葡萄酒销售具有巨大的促进作用已经是行业共识，且发展后劲和潜力更大。以法国波尔多市为例，一个地域面积 45 平方公里、人口仅 76 万的城市，在近 30 年，通过开创葡萄酒旅游，将波尔多葡萄酒产业带入了高速发展的快车道，尤其是亚洲市场。而且葡萄酒旅游的带动作用是持续的，去过波尔多的游客，大概率会经常采购波尔多的葡萄酒，这是有效增强客户黏性的途径。

第五，有力夯实"葡萄酒之都"基础。"都市"概念的核心在于人流的聚集和流动，想要将宁夏贺兰山东麓打造成为闻名遐迩的"葡萄酒之都"，关键在于吸引外部游客和消费者进入宁夏，发展葡萄酒最

终其实就是做文化,发展葡萄酒旅游的过程就是一次挖掘、探索、创造和创新文化的过程。一个产业在一个地区打上一个新的标签,需要用新的途径去加快推进。

第八章　宁夏贺兰山东麓产区产教综合示范

第一节　宁夏贺兰山东麓产区高质量发展格局

宁夏贺兰山东麓产区的文化旅游活动具有文化底蕴深、体验新奇特、产业链完整、关注程度高等优势。同时,葡萄酒产业本身也带动了生态建设、百姓增收,带动了包装物流、电子商务等相关产业的发展。

与葡萄酒产业相生相成的葡萄酒旅游产业,已然在宁夏引起了非常高的重视。当前宁夏葡萄酒旅游产业的高质量发展,基本做到了"一个全域,两个引领,两个集聚,三个协同"。

一、一个全域

宁夏贺兰山东麓产区范围广(目前国内最大产区),跨越行政区域多,酒庄分布多,现有酒庄规模差距大,发展水平参差不齐。为了充分挖掘基础设施承载力,共享公共生产设施,共享产业集聚效应,自治区政府将整个产区看作有机融合、动态发展的"葡萄酒城市",并结合宁夏打造"全域旅游"大景区的理念,彰显葡萄酒相关产业集聚的特色,打造了全国首个以葡萄酒产区为单位的"特色产业集聚＋全域提升产旅示范区"。从全域旅游角度着眼,从特色小镇切入,整体提升产区内"葡萄酒＋旅游"产业发展水平,率先实现产区内"处处皆景观,时时有服务,行行＋旅游、人人都享有"的目标。

处处皆景观,即运用"景城同建"的理念,净化产区内整体环境,提升产区内景观风貌。时时有服务,即做好常规旅游服务:开发四季、四时的旅游产品,淡化季节影响,延长游客停留时间,提供好基础设施硬件服务,以及智慧旅游、综合监管等软件服务;打好特色产业牌,提供产区内特有的葡萄酒推介、投资引导、产业研学等服务。行行＋旅游,即探索葡萄酒相关产业与农业、工业、体育、文化、健康、休闲、教育等各行各业融合发展的可能,催生葡萄产业＋旅游新业态。做到每家酒庄都净化、绿化、特色化,即使不参与旅游活动,也能够成为旅游过程中的景观单元、文化节点。人人都享有,即产区内居民吸收"主客共享"的理念,产区内葡萄酒相关产业从业者吸收"产城融合"的理念,共建产区,共享葡萄酒城美好生活。

二、两个引领

一是高目标引领高质量发展,实施"葡萄酒＋旅游"国际化战略,打造旅游产区范本。会展国际化,通过中国(宁夏)国际葡萄酒文化旅游博览会、产区推介会、国际葡萄酒电影节等国际化活动,率先树立产区品牌。交流国际化,立足"一带一路"建设,策划实施一批以葡萄酒产业特色为核心的文化艺术交流项目,开发适应境外游客需求的葡萄酒产品和旅游服务。产品国际化,宁夏贺兰山东麓产区生产的葡萄酒多次在国际大赛获奖,产区开发的"贺兰红"葡萄酒大单品一炮打响了宁夏葡萄酒的名声,成为联合国代表餐厅 2019 年采购用酒；此外，已经实现了高影响力区域旅游伴手礼的培育。业态国际化，宁夏贺兰山东麓产区不仅吸引了轩尼诗等国际大牌酒庄入驻，本土的西鸽酒庄更是充分研究吸收了国外先进产区"葡萄酒＋旅游"的运营模式，并结合产区实际，"走在前列要谋新篇，勇立潮头方显担当"，坚定成为中国葡萄酒旅游产区的标杆。二是高标准引领高质量发展，树立前瞻性标准，争当行业带头人。葡萄酒＋旅游能够催生出许多旅游新业态，如旅游酒庄、葡萄酒工业旅游基地、葡萄酒研学基地、酒庄民宿、酒庄设计酒店、葡萄酒主题文商旅综合体等，同时也需要更多的相关标准来规范产品与服务。宁夏贺兰山东麓产区清晰认知精品酒庄优势，制定了《宁夏贺兰山东麓葡萄酒产区列级酒庄评分标准》《贺兰山东麓葡萄酒技术标准体系》（DB64/T1553—2018）等一系列产区地方标准后再次引领葡萄酒旅游行业，以旅游酒庄为突破口，从改善与提升酒庄接待服务开始，制定旅游酒庄服务标准，撬动其后广阔的葡萄酒＋旅游业态新市场。

三、两个集聚

一是文化集聚促进高质量发展，进一步挖掘文化、集聚文化，树立产区文化地标。宁夏贺兰山东麓产区将在闽宁镇建设贺兰山东麓葡萄酒全产业链聚集展示中心，以建成的中国（宁夏）国际葡萄酒文化旅游博览会永久会址、红酒一条街、闽宁扶贫（葡萄酒）产业园、中国酒业协会葡萄酒培训中心、贺兰红酒庄、宁夏贺兰山东麓葡萄酒教育学院等机构、场地为依托，引进宁夏葡萄酒文化创意中心、中法葡萄酒学院等文化元素，使闽宁镇成为集历史观光、文化体验、文创产品展示、研学教育、品酒活动等为一体的产区文化地标，沉淀下"筚路蓝缕，以启山林"的产区建设奋斗史。二是产业集聚促进高质量发展，为产业发展提供教育支撑，提升产业能级，保证产业高质量可持续发展。产业集聚是包含生产技术、供应链、服务、营销、投融资等多种要素的集聚。产区按照"多业联合·融合发展"模式,从完善葡萄酒产业教育科研服务体系的角度,利用中国农业大学、浙江大学、西北农林科技大学、宁夏大学、宁夏葡萄酒与防沙治沙职业技术学院等资源,通过产学研相结合模式,从技术创新、生态治理、旅游产品设计等多方面为产区提供充沛的向上动能。

四、三个协同

一是政策体系协同,宁夏贺兰山东麓产区制定了《中国(宁夏)贺兰山东麓葡萄酒产业高质量发展规划》等一系列规划与政策,为"葡萄酒+旅游"提供全方位支持。二是区域发展协同,宁夏贺兰山东麓产区借银西高铁开通的契机,积极向沿线城市推介葡萄酒旅游服务,宁夏贺兰山东麓产区代表集体在西安为"宁夏贺兰山东麓葡萄酒西安体验中心"授牌,产区与兰铁国旅合作发布了"紫梦贺兰"四日游旅游线路。三是生态效益协同,大面积葡萄种植、酒庄绿化、渠道绿化、沿线道路绿化、生态防护林带建设等工程能够有效抵御风沙侵蚀、减小土地沙化程度,在得到经济效益的同时产生了巨大生态效益。融大漠风光和绿洲农业为一体的生态通道,是"黄河几字弯都市圈"中一道融合生态保护与高质量发展的靓丽风景线。假以时日,宁夏贺兰山东麓产区定能"当惊世界殊"。

习近平总书记两次调研宁夏时隔四年,宁夏葡萄产业发展和人民生活面貌都发生了翻天覆地的变化,是中国社会全面脱贫致富的缩影。高质量发展的根基在于人民的幸福生活,产业发展离不开生态本底和文化内核,宁夏贺兰山东麓产区葡萄酒旅游融合创新、高质量发展,定将更好地成为展示中国葡萄酒的世界窗口。

第二节　谋划葡萄酒产业开放发展综合试验区

高起点谋划建设国家葡萄及葡萄酒产业开放发展综合试验区，为宁夏葡萄酒"当惊世界殊"提前谋划，制定工作方案，健全协调推进机制，加强政策研究与创设，细化任务目标，强化责任落实。待国家葡萄及葡萄酒产业开放发展综合试验区批复后，围绕农业农村部、工业和信息化部以及自治区政府共同制定的试验区建设总体方案抓好落实工作，并及时向外交部、发展改革委、教育部、科技部、财政部、人力资源社会保障部、自然资源部、生态环境部、商务部、税务总局、市场监管总局、银保监会、林业和草原局等国家部委汇报，争取相关政策支持。

一、加快建设试验区示范项目

主动对接农业农村部，启动相关重点项目建设，把闽宁镇作为产区总部经济中心和葡萄酒文化教育中心进行建设。一是建设试验区展示馆。在闽宁镇建设试验区展示馆，展示试验区围绕新技术、新模式、新业态、新平台、新工程、新政策等方面达到的目标、做法及成果。二是建设高标准酿酒葡萄示范园。争取国家农业产业集群和自治区现代农业产业示范区项目的支持，以闽宁葡萄基地为核心，在贺兰山东麓百万亩葡萄文化长廊高标准建设酿酒葡萄示范基地，引选推广免埋土、抗寒旱、抗盐碱优新品种，建设智慧葡萄园、酿酒葡萄品种展示园，推动产区酿酒葡萄特色化、差异化发展，推广应用深沟培肥、浅沟定植、水肥一体化、行间生草、合理负载、农业机械化等高标准栽培技术，打造优质高效的酿酒葡萄示范园区，在酿酒葡萄品种特色、品种区域化布局、关键生产技术标准等方面发挥示范引领作用。三是建设智慧型酒庄酒企。争取工业和信息化部大数据产业发展试点示范项目的支持,应用互联网、物联网、区块链等技术,建立企业精准管理及财务优化制度。与新西兰理工大学葡萄酒工程实验室和西北农林科技大学葡萄酒实验室合作,对葡萄种植、葡萄酒发酵及陈酿过程中色度色调演变、呈香物质转化,以及风味物质积累等理化指标变化进行全面实时监测和智慧化调控,探索将部分酒庄培育成智慧葡萄酒生产示范企业,辐射带动发展智慧型葡萄酒产业,逐步将宁夏贺兰山东麓产区建设成具有中国特色的葡萄酒智慧化产区。与中国电信合作深入实施"红酒云"项目,加快实现产区5G网络全覆盖,建设葡萄酒产业数字化运用平台。继续推动葡萄酒质量安全追溯体系建设,力争覆盖所有酒庄。

二、加快推动"葡萄酒＋"融合发展

在试验区建设中做足"葡萄酒＋"的文章,在融合发展中提升综合效益。一是延长深加工产业链。在闽宁镇核心区内引导企业开发酒瓶、瓶塞、酒杯、酵母等葡萄酒衍生产品。与华润集团、建发集团等企业合作建设包装物厂、葡萄酒销售中心。二是推进葡萄酒文旅深度融合。研究制定贺兰山东麓葡萄酒文化旅游长廊道路规划并组织实施建设,从完善文化旅游、休闲体验、绿色观光、体育康养等功能方面入手设置精品旅游线路,将产区酒庄与酒庄、酒庄与旅游景点科学合理串联起来(Bhadury,Troy,2017)。以宁夏贺兰山东麓葡萄酒教育学院为中心,联合10—15家酒庄和贺兰山沿线景区,深度开发3—5日葡萄酒研学游精品线路。三是拓展葡萄酒＋金融业务。利用好葡萄酒产业担保基金、融资租赁、葡萄酒期货等金融产品,为产业持续发展提供资金等方面的保障。宁夏贺兰山东麓葡萄酒产业园区管委会会同自治区金融监管局、财政厅,以支持龙头企业、专业大户为重点,创建"产业基金＋融资担保＋风险补偿＋价格鉴定＋资产管理＋银行贷款"的紧密联盟综合融资模式,缓解酒庄企业融资难、融资贵问题。

三、加快推进葡萄酒教育推广

争取教育部与工业和信息化部的支持,在宁夏贺兰山东麓葡萄酒教育学院的基础上,成立中国葡萄酒现代产业学院,推广具有中国特色的葡萄酒文化课程,培养具有专业水平和国际视野的本土葡萄酒人才。面向京津冀、长三角、粤港澳大湾区及河南、福建等地区消费者,通过研学游进行教育宣传推介,培训认证 5 万—6 万人,辐射带动 20 万名以上的葡萄酒消费者,提高宁夏葡萄酒认知度。继续推进与德国盖森海姆大学、新西兰马尔堡理工大学、法国勃艮第高等商学院等合作的 1＋1 人才培养工作,选送 10 余名已在宁夏贺兰山东麓葡萄酒教育学院实践 1 年的本科生,分别赴相关大学进行研究生课程学习,培养具有国际视野的集技术、营销、管理于一体的专业技能人才。

四、加快构建产业人才新体系

以西北农林科技大学宁夏贺兰山东麓葡萄酒试验示范站、闽宁乡村振兴研究院为核心,设立葡萄种植组、葡萄酒酿造组、葡萄酒衍生品组、葡萄酒品牌与营销组、葡萄酒旅游组、葡萄与葡萄酒试验工程中心六个工作组,形成葡萄酒产业服务保障人才体系梯队。

一是与全球葡萄酒高层次团队合作。重点加强与法国蒙彼利埃国际高等农业大学、国际葡萄专家整形合作研究会、以色列农业部首席科学家阿维·波尔教授团队、法国克洛维斯公司托马斯·杜罗团队、时任澳大利亚南澳大学商学院院长拉瑞·洛克辛团队、美国索诺马大学葡萄酒旅游与商务学院利兹·塔弛教授团队及两届国际酿酒师贺兰山东麓邀请赛中的 60 名国际酿酒师、首届丝路经济带 25 国冠军侍酒师挑战赛中的 25 名冠军侍酒师的合作，实质性参与重点项目，推进国外高水平葡萄栽培、节水、酿造、营销、融合发展、产品开发等先进技术的创新应用。

二是与国内葡萄酒高层次团队合作。拓展和深化与浙江大学、香港理工大学、中国农业大学、上海交通大学、西北农林科技大学等国内高校的合作，推动双向务实交流和成果转化。

三是统筹集合区内的创新力量。重点集合宁夏大学葡萄酒学院、北方民族大学、宁夏葡萄酒与防沙治沙职业技术学院及宁夏气象局、农科院、银川海关（国家葡萄及葡萄酒检测重点实验室）等科研技术力量，联合攻关重点课题、重大项目。

四是充分发挥酒庄企业创新主体作用。出台支持政策，落实科技项目，支持酒庄企业在葡萄种植、葡萄酒酿造、品牌与营销、衍生产品、葡萄酒教育与旅游等方面的探索创新，创新成果及时推广应用。

参考文献

Brain A D. Increasing wine sales through customised wine service training—A quasi-experiment. International Journal of Wine Business Research, 2019, 31(1): 29-47.

Bruwer J, Cohen J, Kelley K. Wine involvement interaction with dining group dynamics, group composition and consumption behavioural aspects in USA restaurants. International Journal of Wine Business Research, 2019, 31(1): 12-28.

Byrd E T, Bhadury J, Troy S P. Wine tourism signage programs in the USA. International Journal of Wine Business Research, 2017, 29(4): 457-483.

Byrd E T, Canziani B, Boles J S, et al. Wine tourist valuation of information sources: The role of prior travel. International Journal of Wine Business Research, 2017, 29(4): 416-433.

De Luca M, Campo R, Lee R. Mozart or pop music?: Effects of background music on wine consumers. International Journal of Wine Business Research, 2019, 31(3): 406-418.

108

Dodd T, Beverland M. Winery tourism life-cycle development: A proposed model. Tourism Recreation Research, 2001, 26(2): 11-21.

Dressler M. Strategic profiling and the value of wine & tourism initiatives. International Journal of Wine Business Research, 2017, 29(4): 484-502.

Duhan D F, Rinaldo S B, Velikova N, et al. Hospitality situations, consumer expertise, and perceptions of wine attributes: Three empirical studies. International Journal of Wine Business Research, 2019, 31(1): 68-88.

Figini P, Vici L. Off-season tourists and the cultural offer of a mass-tourism destination: The case of Rimini. Tourism Management, 2012, 33(4): 825-839.

Gazulla C, Raugei M, Fullana-i-Palmer P. Taking a life cycle look at crianza wine production in Spain: Where are the bottlenecks? The International Journal of Life Cycle Assessment, 2010, 15(4): 330-337.

Getz D, Brown G. Benchmarking wine tourism development. International Journal of Wine Marketing, 2006, 18(2): 78-97.

Gómez M, González-Díaz B, Molina A. Priority maps at wine tourism destinations: An empirical approach in five Spanish wine regions. Journal of Destination Marketing & Management, 2015, 4(4): 258-267.

Gómez M, Lopez C, Molina A. A model of tourism destination brand equity: The case of wine tourism destinations in Spain. Tourism Management, 2015(51): 210-222.

Gómez M, Lopez C, Molina A. Wine tourism in Spain: Denomination of origin effects on brand equity. International

Journal of Tourism Research，2012，14(4)：353-368.

Howley M，van Westering J. Developing wine tourism：A case study of the attitude of English wine producers to wine tourism. Journal of Vacation Marketing，2008，14(1)：87-95.

Hsieh Y J，Lee Z C，Yin P. Wine attractions at hotels：Study of online reviews. International Journal of Wine Business Research，2019，31(1)：89-108.

Jurinčič I，Bojnec Š. Wine tourism development：The case of the wine district in Slovenia. Tourism：An International Interdisciplinary Journal，2010(4)：435.

Lau T，Cheung M L，Pires G D，et al. Customer satisfaction with sommelier services of upscale Chinese restaurants in Hong Kong. International Journal of Wine Business Research，2019，31(4)：532-554.

Liu D，Huang A，Yang D，et al. Niche-driven socio-environmental linkages and regional sustainable development. Sustainability，2021，13(3)：1331.

Liu D，Yin Z. Spatial-temporal pattern evolution and mechanism model of tourism ecological security in China. Ecological Indicators，2022(139)：108933.

López G T，Rodríguez G J，Sánchez C S，et al. The development of wine tourism in Spain. International Journal of Wine Business Research，2011，23(4)：374-386.

Loureiro S M C，Cunha N P D. Wine prestige and experience in enhancing relationship quality and outcomes. International Journal of Wine Business Research，2017，29(4)：434-456.

Marzo N M，Pedraja I M. Wine tourism development from the perspective of the potential tourist in Spain. International

Journal of Contemporary Hospitality Management，2009，21 (7)：816-835.

Morea D，Gebennini E，Mazzitelli A，et al. New challenges for sustainable organizations in light of agenda 2030 for sustainability. Sustainability，2021，13(4)：1717.

Morrish S C，Pitt L，Vella J，et al. Where to visit, what to drink?：A cross-national perspective on wine estate brand personalities. International Journal of Wine Business Research，2017，29(4)：373-383.

Quintal V，Thomas B，Phau I，et al. Using push-pull winescape attributes to model Australian wine tourist segmentation. International Journal of Wine Business Research，2017，29(4)：346-372.

Ramos K，Cuamea O，Galván-León J A. Wine tourism. International Journal of Wine Business Research，2019，32(1)：22-40.

Santos V R，Ramos P，Almeida N. The relationship between involvement, destination emotions and place attachment in the Porto wine cellars. International Journal of Wine Business Research，2017，29(4)：401-415.

Terziyska I. Benchmarking wine tourism destinations—The case of Bulgaria. International Journal of Wine Business Research，2017，29(4)：384-400.

Velikova N，Canziani B，Williams H. Small winery-restaurant relationship building：Challenges and opportunities. International Journal of Wine Business Research，2019，31(1)：5-11.

Weatherbee T G，Sears D，MacNeil R. Mapping wine business

research in theInternational Journal of Wine Business Research，2019，31(4)：591-601.

陈红云，衣明丽，杜兴林，等. 烟台市葡萄酒文化旅游消费者参与意愿及影响因素分析. 酿酒科技，2019(4)：135-140.

陈柳钦. 产业融合问题研究. 南都学坛，2007(6)：98-104.

陈秀琼，黄福才. 中国入境旅游的区域差异特征分析. 地理学报，2006(12)：1271-1280.

戴金枝，张亚楠，董玉峰，等. 体验式葡萄酒旅游产业带形成演化的影响因素研究. 酿酒科技，2019(12)：126-129.

丁俊发. 世界因供应链而变. 中国流通经济，2015，29(8)：1-5.

董峰，林富强，张文丽，等. 基于消费者偏好的烟台葡萄酒文化旅游发展研究. 农学学报，2019，9(3)：95-100.

方平，岳晓文旭，周立. 农业多功能性、四生农业与小农户前景——基于巴西三类农场调研的反思. 中国农业大学学报(社会科学版)，2020，37(3)：22-35.

冯贺霞，王小林. 基于六次产业理论的农村产业融合发展机制研究——对新型经营主体的微观数据和案例分析. 农业经济问题，2020(9)：64-76.

关塈婧. 改革开放以来的共同富裕思想研究. 哈尔滨:哈尔滨师范大学，2021.

郭苏建. 六次产业与社会治理关系研究. 人民论坛·学术前沿，2022(10)：82-92.

虢正贵. 推动森林旅游高质量发展. 林业与生态，2019(2)：26-28.

何俊杰，推动文旅融合　争创全国样板. 绍兴日报，2019-07-23.

胡雅蓓. 产业集群生态系统:主题、演进和方法. 外国经济与管理，2022，44(5)：114-135.

胡志平. 基本公共服务促进农民农村共同富裕的逻辑与机制. 求索，2022(5)：117-123.

花群，李伟. 高质量发展全域旅游. 唯实，2018(11)：74-77.

黄亮. 基于农业多功能性视角下的"美丽乡村"景观规划设计研究. 农家参谋，2020(24)：235.

姜师立. 文旅融合背景下大运河旅游发展高质量对策研究. 中国名城，2019(6)：88-95.

靳吉新，靳韬. 打造特色文化旅游产业 推进"4＋4"现代产业高质量发展——以栾城区"三苏"文化旅游为例. 中共石家庄市委党校学报，2018，20(5)：46-48.

柯艺伟，张振. 论新时代共同富裕思想的理论渊源与核心要义. 社会主义研究，2022(4)：86-92.

黎虎. 唐代的酒肆及其经营方式. 浙江学刊，1998(3)：104-109.

李海舰，杜爽. 企业社会责任与共同富裕关系研究. 东南学术，2022(5)：125-140.

李华. 中国葡萄酒的地理标志与标准体系. 科技导报，2004(1)：58-60.

李华. 走进葡萄酒. 北京：农村读物出版社，2002.

李华. 走进葡萄酒. 北京：农村读物出版社，2002.

李倩娜，姚娟，赵向豪. 新发展理念下新疆葡萄酒庄旅游服务质量研究——基于昌吉回族自治州的考察. 新疆社科论坛，2018(2)：39-43.

李世泰，魏清泉，李庆志，等. 葡萄酒旅游开发研究——以烟台张裕葡萄酒旅游为例. 经济地理，2005(1)：139-142.

廖成中，毛磊，翟坤周. 共同富裕导向下东西部协作赋能乡村振兴：机理、模式与策略. 改革，2022(10)：1-15.

林清清，周玲. 国外葡萄酒旅游研究进展. 旅游学刊，2009，24(6)：88-95.

刘端端. 城市群和产业集群协同发展研究. 宏观经济管理，2022(2)：54-61.

龙嬿升,邢鹏飞.关于葡萄酒旅游的田野调查.旅游纵览(下半月),
　　2019(8):19.

鹿文丽,杨潘,王晶.信息技术与葡萄酒旅游融合模式研究.农业网
　　络信息,2017(6):6-9.

吕晓磊."IP旅游"视角下鄂尔多斯旅游高质量发展的研究.中国民
　　族博览,2019(3):68-70.

毛勒堂.论劳动正义及其对共同富裕的价值支撑.上海师范大学学
　　报(哲学社会科学版),2022(5):26-34.

茆昕明,翟国方,廖琪.六次产业理念下苏南都市近郊乡村产业发
　　展策略——以苏州东山镇古周巷为例.农村经济与科技,2022,
　　33(7):85-88.

孟宝.中国白酒文化旅游开发研究.北京:中国轻工业出版社,2016.

孟宝.中国白酒文化旅游开发研究.北京:中国轻工业出版社,2016.

牛禄青.高质量发展乡村旅游的潜力与建议.新经济导刊,2018
　　(11):52-56.

牛艳婷,刘艳红,于立芝,等.消费者对烟台葡萄酒文化认知情况的
　　评价与分析——以烟台市区为例.酿酒科技,2013(9):
　　123-127.

宋晓媚.城市化影响下农业多功能价值演变及其驱动力研究——以
　　西安都市圈为例.西安:陕西师范大学,2016.

孙书阳,李明健,衣明丽,等.烟台市葡萄酒文化旅游消费者满意度
　　及影响因素分析.农学学报,2019,9(8):74-79.

田峰.从唐诗看唐代胡姬酒肆及其文化.青海民族大学学报(社会科
　　学版),2011,37(4):129-134.

万先进,吴南.湖北旅游经济发展对策研究.湖北大学学报(哲学社
　　会科学版),2007(1):120-123.

汪宇航,赵耀,张文丽,等.烟台葡萄酒文化旅游供给侧改革探究.
　　农学学报,2019,9(11):84-88.

王恒振. 气候变暖威胁着加州农业. 中外葡萄与葡萄酒，2007(2)：76-77.

王红帅，李善同. 可持续发展目标间关系类型分析. 中国人口·资源与环境，2021，31(9)：154-160.

王红彦. 在更高起点上推进文旅领域改革开放，中国旅游报，2018-12-24.

王昆欣. 全域旅游发展的若干思考. 旅游导刊，2018，2(1)：72-78.

王磊，刘家明，李涛，等. 葡萄酒旅游研究的国际进展及启示. 旅游学刊，2018，33(10)：117-126.

王磊. 全域旅游背景下宁夏葡萄酒旅游发展. 北方园艺，2018(19)：166-171.

王欠欠，夏杰长. 全球价值链视角下中国旅游贸易测算分析. 国际贸易，2019(2)：46-54.

王细芳，陶婷芳. 中国旅游业发展质量的实证研究——旅游业外贸竞争力之贸易实得指数的理论分析及测算. 财经研究，2011，37(9)：91-100.

王雪，朱文佳，刘静静，等. 基于交叉分析研究游客对葡萄酒休闲旅游的认知及对烟台酒庄的认可. 酿酒科技，2018(4)：134-139.

魏泳安. 精神生活共同富裕：刻度、短板及实现路径. 探索，2022(5)：177-188.

吴春蕾，刘利平，吴天乐. 农业多功能性视角下的生态补偿研究. 长沙大学学报，2017，31(2)：95-97.

鲜祖德，巴运红，成金璟. 联合国2030年可持续发展目标指标及其政策关联研究. 统计研究，2021，38(1)：4-14.

谢贞发. 产业集群理论研究述评. 经济评论，2005(5)：118-124.

严瑾. 日本的六次产业发展及其对我国乡村振兴的启示. 华中农业大学学报(社会科学版)，2021(5)：128-137.

杨吉华. 葡萄酒影视与葡萄酒旅游规划——以电影《杯酒人生》为

例. 河北旅游职业学院学报,2016,21(4):63-68.

杨文江,史文洁,王晓卫,等. 文旅融合推动高质量跨越式发展——昆明市晋宁区全力推动文化与旅游深度融合发展. 社会主义论坛,2018(8):30-32.

杨渊浩. 迈向共同富裕:社会主义现代化进程中的重要命题. 探索,2022(5):68-78.

姚小涛,席酉民. 环境变革中的企业与企业集团. 北京:机械工业出版社,2002.

易慧玲,黄渊基. 基于网络文本分析的全域旅游基地游客满意度研究——以湖南省长沙市为例. 长沙大学学报,2019,33(4):32-37.

于生妍. 青海全域旅游高质量发展. 青海党的生活,2018(8):22-24.

于帅帅. 唐代酒肆与唐诗的发展. 石家庄学院学报,2017,19(4):15-21.

张碧星. 促进乡村旅游高质量发展. 人民论坛,2018(32):82-83.

张红梅,梁昌勇,徐健,等. 特色旅游目的地形象对游客行为意愿的影响机制研究——以贺兰山东麓葡萄产业旅游为例. 中国软科学,2016(8):50-61.

张红梅,龙嬿升,梁昌勇,等. 葡萄酒旅游目的地品牌形象影响因素扎根研究——以贺兰山东麓为例. 中国软科学,2019(10):184-192.

张红梅,宋莉,沈杨. 中国葡萄酒文化旅游发展战略研究——以宁夏贺兰山东麓为例. 干旱区资源与环境,2014,28(5):197-202.

张天虹. 酒香也怕巷子深——从唐诗和笔记小说看唐代酒肆促销行为的兴起. 南都学坛,2008(5):32-35.

张崟森,李铜山. 浅论农村一二三产业融合发展的制约因素及对策.

农村经济与科技，2018，29(1)：52-53.

张玉帆. 乡村旅游高质量发展的路径研究——基于成都市农科村的调查. 大众文艺，2019(10)：262-263.

赵耀，张文丽，赵菲儿，等. 消费者选择中国葡萄酒文化旅游影响因素探究——基于结构分析方程模型. 食品与发酵科技，2019，55(6)：98-105.

郑爱文，钱淼. 日韩"六次产业化"经验对山东农业"新六产"发展的启示. 农村经济与科技，2020，31(3)：183-185.

周宏春，史作廷，江晓军. 中国可持续发展30年：回顾、阶段热点及其展望. 中国人口·资源与环境，2021，31(9)：171-178.

周晋名. 区域旅游高质量一体化发展评价研究. 上海：上海师范大学，2020.

周敏慧. 国外葡萄酒游客心理研究综述. 商业经济研究，2016(15)：82-84.

朱仁鹏，张萍，丁爱芹. 甘肃省武威市葡萄酒旅游初探. 河北旅游职业学院学报，2009，14(2)：14-17.

庄伟光，邹开敏. 广东以全域旅游推动旅游高质量发展. 中国国情国力，2019(3)：7-10.